ANNA BRUNO

PSICOLOGIA DELL'AMORE

A.N.O.C.
ROCCAPIEMONTE (SA)

ISBN: 978-1-326-15726-5
COPYRIGHT(c) 2015 A.N.O.C.
EDITORE A.N.O.C.
FINITO DI STAMPARE GENNAIO 2015

Dedicato all'Emozione
che forte sento per Te,
unica, silenziosa e forte
che porta al vero amore
nel ruggir d'una cascata
e nel soffiar del vento

AMORE IN PROSA

L'ARTE... DI AMARE

Da quanto tempo soffia il vento? A volta leggero qual brezza t'accarezza il viso, altre volte fischia forte qual uragano e con gran rumo-
re imperversa scatenando un mare di guai.

Da quanto tempo soffia l'amore? Penso proprio che l'amore non ha
età, vive da sempre ed è sempre lo stesso, dovrebbe donare sempre gioia, a volta arreca grande sofferenza ma non ha età, è proprio
come il vento.

Apriamo su questa pagina una conversazione sistematica con Voi
lettori sull'Arte, qualunque essa sia, e le sue molteplici espressioni
e in questo numero delle Voci vogliamo soffermarci sull'Arte...di
Amare nell'attesa di ricevere per i prossimi numeri Vostre manifestazioni Artistiche. Ritorniamo dunque all'Arte di Amare. Siamo pro-
pensi a considerare che in fondo, trattandosi di un'arte, l'Amore si
apprende nel senso che ci viene insegnato come qualsiasi altra arte
e, a ben guardare, forse è proprio così.

Se consideriamo che una delle forze che agiscono sul legame amoroso è il Piacere, nel senso di soddisfazione dei bisogni e dei desideri, dobbiamo porre l'attenzione sulla prima relazione d'amore
quale è la relazione mamma - figlio. Sappiamo che non sempre
questa relazione dà piacere, comunque da questa relazione si
apprende molto riguardo all'amore e naturalmente quello che c'è
stato insegnato, in aggiunta forse a quello iscritto nei geni, è auto
maticamente tramutato in azione.

Potremmo però chiamare amore un legame che poggia le sue basi
sul Piacere? E non solo.

Abbiamo la consapevolezza che la forza e quindi la durata di un
Amore non è data soltanto dal Piacere?

Quest'ultimo punto interrogativo fa sorgere molti dubbi. Forse non
tutti hanno chiara la consapevolezza che l'amore mostra il suo vero

volto, e nel mostrarsi non scompare affatto come in Amore e Psiche, quando quattro forze, non solo il Piacere, agiscono contemporaneamente rendendolo duraturo e resistente nel tempo. Come dice Alberoni nel suo libro "L'Arte di Amare", sul legame amoroso agiscono contemporaneamente il Piacere, la Perdita, l'Indicazione e lo Stato Nascente. Ora del Piacere abbiamo argomentato, veniamo quindi agli altri tre. Una frase ricorre sempre sulla bocca degli gli Amanti: "Mi manchi tanto, un minuto dopo che ti sei allontanato/a da me già ti desidero!".

Può sembrare paradossale ma questo "Sentimento di Perdita" raf forza il legame amoroso cullandolo nella piena consapevolezza della libertà del dire e del fare. E che dire della gelosia e della rivalità che sorgono immancabilmente quando si ama?

Può sembrare un assurdo ma costituiscono la terza forza del legame amoroso assieme allo Stato Nascente che conduce in quel mondo che sol perché si ama e si è riamato/a appare assolutamente nuovo e pertanto tutto da scoprire. Diciamo anche che queste forze che legano gli amanti e li avviano ad un amore che dura nell'eternità sono per lo più inconsce, stanno nel profondo e succede che allorquando raggiungono la superficie non siamo pronti a coglierle o non vogliamo proprio vederle.

Allora è vero che l'amore si permea d'irrazionalità nel senso che sfugge ad ogni logico pensiero ma è pur vero che l'amore si vive in due e, se è così, c'è bisogno sempre di un doppio sguardo, a se stesso ed all'altro.

In conclusione possiamo dire che l'Arte di Amare è un'arte che profuma di magia ed è un'arte difficile da insegnare ed imparare ma pur sempre deliziosamente unica in quanto la sua espressione appartiene alla ricchezza dell'individuo.

IL SENSO DI COLPA

Parliamo dell'Arte di...Amare liberandoci questa volta da un "fardello" che crea disagi immani nella psiche invischiandola in un tormento senza fine, voglio dire e parlare del "senso di colpa" e della sua voglia di libertà. Iniziamo allora a distinguere il "senso di colpa" dal "peccato" collocandoli nella loro possibile posizione, quella psicologica il senso di colpa e quella religiosa il peccato.

Iniziamo dunque a definire il peccato per convergere poi sul senso di colpa. Nella Religione Cristiana il peccato non è altro che la disobbedienza alla legge di Dio depositata nelle Sacre Scritture e rappresenta "l'atto consapevole e responsabile" con il quale l'uomo commette qualcosa di contrario ai dettami della norma divina. Il peccato origina nel cuore stesso dell'essere umano e grava perciò come una colpa sulla coscienza del fedele producendo uno stato di lacerazione e di disarmonia interiore.

Se osserviamo il peccato cioè "il senso di colpa religioso collegato alla trasgressione di una norma divina" dal punto di vista psicologico osserviamo che esso mantiene l'uomo "in uno stato di immaturità" legandolo ad un'emozione infantile di paura. A livello psicologico questo stato potrebbe essere considerato in modo positivo qualora esistesse la possibilità "di porre rimedio all'errore commesso ripristinando l'ordine delle cose".

Così non accade nella religione dove "si rischia di sfociare in sensazioni di timore e vergogna rispetto a un Dio che ci osserva e giudica senza una vera possibilità di riparare al danno se non con la preghiera".

Ciò detto dovrebbe ora essere facile distinguere "il senso del peccato" che è consapevolezza dell'infrazione dal "senso di colpa" che se non affrontato e risolto determina vissuti segnati dalla patologia.

Sappiamo d'altronde che sin dall'origine la Psicanalisi con Freud si è interessata alle nevrosi facendo leva proprio sul senso di colpa visto come "quel conflitto insorgente tra le pulsioni sessuali e aggressive e le regole comportamentali introiettate a partire dall'educazione familiare".

Ma da dove proviene il senso di colpa?

Lo sappiamo, si annida nell'interiorità generando disagio, ma in genere non è legato "ad una colpa reale" bensì nasce da "un pensiero" che dice: "Se faccio quella determinata cosa, sono colpevole". In altri termini nasce dalla paura "di fare quello che si vuole perché qualcuno soffrirà", la paura cioè di fare del male agli altri limitando in questo modo se stessi, il proprio "ego" che comunque viene sempre prima degli altri e comunque indipendentemente dagli altri e dalla sofferenza degli altri soffre.

Ora facciamo un piccolo sforzo e proviamo ad immaginare il senso di colpa come un qualcosa di positivo alla luce del fatto che in natura così come in noi nulla accade per caso ma ogni cosa ha un senso, cioè ha una funzione altrimenti scomparirebbe. Sta a noi saperla cogliere. Infatti "il senso di colpa, quando si sviluppa in modo normale, è un fattore evolutivo importante perché rende possibile il senso di responsabilità e partecipa alla costruzione dell'etica personale".

Già la responsabilità e l'etica di ognuno di noi nel senso che si "cresce", "cresciamo" anche grazie al senso di colpa". Come vedete, il senso di colpa potrebbe contenere una certa positività ma a questo punto bisogna introdurre un nuovo concetto, quello della "libertà".

Abbiamo appreso che, attanagliati dal senso di colpa, finiamo con l'identificarci "col personaggio buono" che si fa carico dei problemi altrui e sopporta tutto impedendo in questo modo all'ego "di essere se stesso". In genere ciò che è insopportabile all'ego è produrre nell'altro/a "sofferenza, umiliazione, frustrazione, imbarazzo", perciò mette in atto una limitazione di se stesso al posto di "un'autentica espressione".

Questa sorta di masochismo crea disagi enormi e non dà "la libertà" di farci conoscere per quelli che siamo, per quello che pensiamo
o proviamo, insomma per quella parte di noi che potrebbe non
essere accettata dagli altri.

Sentirsi liberi di "seguire se stessi" non significa però chiudere le
orecchie e non ascoltare l'altro/a, ma qui ci addentriamo in un altro
concetto (la Consapevolezza), ci allontaniamo dal senso di colpa
nel senso che "lo vinciamo" pure ma cadiamo forse in un altro mare
di...guai.

IL SOLILOQUIO DELLA SOLITUDINE

"Ci sono amori amicizia, amori tenerezza, amori puramente sessuali, amori che durano una notte o che durano una vacanza, amori che sono capricci,cotte, infatuazioni, ci sono amori che hanno un'anima oltre il corpo e amori che si fermano al corpo e non vanno oltre, amori strozzati e quelli aperti al respiro pulito e ciascuno ha il diritto di vivere il tipo di amore che vuole" e soprattutto allontanarsi dallo spettro della solitudine che afferra il cuore e lentamente lo conduce alla morte.

Già, non siamo nati per essere soli, la solitudine non appartiene a questo mondo, il cuore pulsa e cerca il suo compagno, la solitudine del cuore si rivolge alla medicina del cervello, "di una testa che funziona fluttuando da un'emozione all'altra influenzata dai segnali esterni che si mischiano con i ricordi e le esperienze che abbiamo appena vissuti".

Allora se così accade, se proprio vogliamo cancellare la solitudine in quanto fonte di tristezza, espressione di vuoto, di mancanza di una parte e della sua ricerca per completarsi, perché "i Single", quelli che possiamo definire "i lettori dell'interno", sono al giorno d'oggi in forte ma proprio forte aumento?

Noi abbiamo davanti agli occhi il ritratto nero della solitudine, quelli, i Single, hanno forse un'immagine diversa?

Affermiamo da tempo che in natura come nella natura dell'uomo, tutto ciò che non serve, nel senso che è "negativo", tende a perdere col tempo la sua funzione, in altri termini tende a scomparire. Ora, se la solitudine racchiudesse un qualcosa di negativo, perché notiamo l'aumento dei Single? E badate bene non mi riferisco soltanto ai Single per scelta, ma a tutti quelli, e sono anch'essi molti, che pur all'interno di un'apparente stabilità emotiva vivono da single tutta o gran parte della loro vita. In nostro soccorso, in soccorso della solitudine, arriva il soliloquio che oserei definire il "pronto soc corso della solitudine".

"Il nostro cervello ama il soliloquio anche quando non ce ne accorgiamo, anche quando stiamo in compagnia di altri non smettiamo mai di parlare a noi stessi". Già, nella difficoltà sempre più evidente di parlare con l'altro/a, ci troviamo meglio forse a parlare con noi stessi, come se vi fossero in noi due attori uniti da quella fratellanza gemellare pronta però a prendere le armi e aspramente combattere l'un contro l'altro fino alla morte dell'uno e la vittoria dell'altro. Ecco allora sentire nelle nostre orecchie il "brusio di mille voci", nel nostro petto "il suono di mille parole", i nostri occhi vedono come su uno schermo "mille immagini" una dietro l'altra, proprio soli non ci sentiamo, anzi parlando con noi stessi o meglio colloquiando una parte di noi con l'altra parte di noi ci sentiamo lontano dalla solitudine.

Queste nostre conversazioni, questo nostro soliloquio resta nascosto "come scritto con l'inchiostro invisibile", "passiamo da uno stato d'animo all'altro e non mandiamo segnali esterni, siamo felici o tristi anche senza risate o lacrime", forse il nostro cocktail genera confusione ma non importa, pur confusi questa volta ce la possiamo prendere solo e soltanto con noi stessi. Accade a volte di "forzare la mano" al soliloquio ed ecco evidenziarsi la solitudine nel senso che iniziamo a dare peso all'esterno e ridurre invece notevolmente il valore dell'interno.Il senso allora diventa quello di correggere l'esterno sperando in questo modo d'accontentare l'interno con la modifica compiaciuta dell'altro.

Se amo follemente, anche l'altro deve amarmi allo stesso modo, se ho determinati schemi mentali, anche l'altro deve adeguarsi agli stessi schemi e non consideriamo che "l'esterno non dà soluzioni ma soltanto illusioni".

Dunque si rende di nuovo necessario nell'illusione volgere lo sguardo alla propria interiorità, a quell'ego abituato dalla nascita ad avere tutto ma proprio tutto a sua disposizione, insomma a comportarsi come un piccolo re.

Siamo abituati a volgere lo sguardo all'esterno pensando che le problematicità là sorgono e da là derivano tenendo ben conservata la nostra interiorità in questo modo tenendola al riparo da ogni altrui inserzione. Il soliloquio elimina l'altro/a o meglio dovrebbe trasportare l'altro/a nel suo interno ma chiediamoci "una volta portato l'altro/a nel nostro interno costui/ei a chi assomiglia?"

A veder bene somiglia tanto a noi stessi.Il soliloquio forse allontana la solitudine ma condanna alla monotonia d'un attore monocorde che pensa di aver incontrato l'altro/a ma non sa di non essere entrato nell'altro/a. La solitudine esiste perché ci spinge nell'altro, ci invoglia all'incontro e forse anche allo scontro perché non è necessario che tutto vada bene, la solitudine sa che conta soltanto...amarsi e non è poco, anzi.

L'AMORE PARALLELO

Mi ha sempre affascinato la mitologia e ogni qual volta in essa affondavo mi perdevo nel labirinto della mente senza trovare il più delle volte la via d'uscita. Voi potreste chiedermi cosa c'entra la mitologia con l'arte di amare ed io voglio qui argomentare "sull'amore parallelo" partendo dal "Mito di Aristofane" presente nel celebre dialogo platonico "Simposio" che si proponeva proprio di trattare l'immortale tema dell'amore.

Or dunque nel Simposio Aristofane, famoso poeta comico, racconta che "in quel tempo tutti gli esseri umani avevano due teste, quattro braccia, quattro mani, quattro gambe e due organi sessuali ed erano tondi. Questi esseri cosìfatti erano "superbi" e "potenti" e tentarono perciò di scalare l'Olimpo per spodestare gli dei. Zeus, seduto in alto sull'Olimpo, vedeva e sentiva tutto ciò e non poteva accettare un simile oltraggio per cui intervenne a colpi di saetta "dividendo gli esseri umani" di modo che, diventati più deboli, rinunciassero all'insano progetto. Da questa divisione nacque negli umani "la ricerca della loro antica unità e della perduta forza" e dunque "al desiderio ed alla ricerca dell'intero si diede nome amore". Qui potrebbe finire il racconto.In realtà Zeus, dispiaciuto, mandò nel mondo Eros affinché, attraverso il ricongiungimento fisico, gli esseri umani potessero ricostruire l'unità perduta così da provare piacere (e riprodursi) e potersi poi dedicare alle altre incombenze".

A questo punto possiamo tranquillamente alzare il sipario sulla "nostra commedia" e far comparire sulla scena i due attori principali, un uomo ed una donna qualunque o una donna e un uomo qualunque nell'ora della loro vita in cui nel matrimonio vedono il coronamento del loro amore.

Possiamo anche qui tranquillamente immaginare la scena. Un'altare di una chiesa qualunque, un prete qualunque, testimone di nozze e familiare qualunque, uno sposo ed una sposa, sì proprio noi due, voi due che davanti a Dio state per professarvi "amore per sempre".

Ora non so se a quel "per sempre" si presta la dovuta attenzione o meglio non so quale rappresentazione, quale immagine il "per sempre" attiva nella nostra/vostra mente e non sono poi nemmeno certo che il "per sempre" appartenga ad una mente illuminata e allo stesso tempo consapevole. Comunque tra le tante nuvolette che si rincorrono nella mente ecco apparire (non è dato di sapere quando ma la cosa migliore sarebbe che comparisse prima del matrimonio!!) "la nuvola del per sempre" che porta dentro uno "scritto" a volte leggibile e chiaro, altre volte così illeggibile da apparire strano e confuso. Nell'uno e nell'altro caso (le variabili sono innumerevoli tanto quanto sono variegati gli esseri umani) il "per sempre" in genere rappresenta una "proiezione" del singolo, uomo o donna che sia, e pertanto una proiezione che avvicina o allontana, piena di senso o vuota di senso, una proiezione forse di "una semplice fila di giorni da passare insieme, uno dopo l'altro oppure da passare insieme ma con amore. Ecco comparire un'altra nuvoletta che si lega al "per sempre" per formare un tutt'uno indistinguibile, una nuvoletta che porta scritto "amore".

Dunque "Amore per sempre".

Ma anche "sull'amore" possiamo fare lo stesso discorso (della proiezione) fatto sul "per sempre", dunque le variabili dell'individuo aumentano ancora di più e intanto...ci uniamo nel vincolo matrimoniale.

Ma ritorniamo per un attimo all'amore e proviamo con Francesco Alberoni, noto scrittore dell'amore, a delineare per quel che si può una concezione dell'amore ben sapendo che ognuno di noi ne potrebbe avere una, tutta sua.

Dice Alberoni:

"L'Amore, che parola usata e svuotata di senso! L'amore vero, l'amore che scoprivo di provare per te non è un sentimento, non è una emozione, è qualcosa che tiene insieme il corpo, che gli consente di vivere. È il sangue, il sangue che porta l'ossigeno alle cellule, e quando manca, ogni singola cellula del corpo soffre e urla di dolore, urla perché non vuol morire. In ogni momento tu sei l'ossigeno, sei il mio sangue, e la tua assenza, il tuo silenzio, la tua perdita è la morte. La persona che ami è dentro di te, è te, è la forza che tiene in vita ciascuna delle tue cellule".

Ciò detto, accade in un momento qualsiasi della vita, della tua/nostra vita, di provare un senso d'insoddisfazione e allora e solo allora pensiamo di non sapere ciò che stiamo vivendo, in altri termini ci accorgiamo di "camminare in parallelo" e non sappiamo dov'è l'amore per sempre.

Ecco allora che la scena cambia.

Se prima una chiesa era l'ambiente in cui ci si muoveva, nel mutare scena quella chiesa diventa la psiche, la tua/nostra/vostra interiorità nella quale rimbombano troppe domande e troppi perché che predispongono ad un continuo tormento dell'anima. In fondo quello che conta senza tormentarsi con tali domande è che "non si sente di stare bene insieme e di non essere cresciuti facendo sbocciare qualcosa in più di buono nel proprio carattere che prima non c'era".

E per acquietare il tormento bisognerebbe forse non pensare più all'amore per sempre?

Bisognerebbe forse far finta di niente e continuare "quel percorso in parallelo" dalla parvenza d'amore per sempre e abbandonarsi nelle braccia del sogno?

Tutto sommato non sarebbe forse meglio lasciare tutto immutato e non pensare?

Troppi punti interrogativi ma come trovare una soluzione e non rincorrere un'illusione?

In fondo l'amore, quello vero, è qualcosa che solleva, porta in alto gli amanti, li distacca dalla terra e li fa volare nell'infinito universo.

C'è però un giorno in cui l'amore scende e va a piedi, non sa dove e s'acquieta per poi lentamente morire. Si, l'amore forse non appartiene alla terra, non appartiene agli esseri umani, appartiene ad un altro mondo, ad altri attori, ad altri personaggi, a quelli che guardano dall'alto le miserie della vita e dell'uomo che povero vive senza amore. L'amore è una poesia che finisce nella barbarica realtà, spezzato vuol resistere ma deve dar conto alla miseria di un uomo o donna che non sa, non conosce e finge di vivere il giorno che invano passa. Quanta bellezza nell'amore, quanta miseria nella sua mancanza, e ce n'è tanta in giro.

UNA STRANA SENSAZIONE
DI SOFFOCAMENTO

Ad un certo punto della nostra vita (non è dato di sapere quando) avvertiamo una nuova strana sensazione, una sensazione sconosciuta e allo stesso tempo così familiare da sembrare appunto strano non averla avvertita prima, la sensazione che la vita ci ha tolto qualcosa, la sensazione che non l'abbiamo vissuta appieno, la sensazione "di essere rinchiusi in una struttura soffocante da cui probabilmente soltanto la morte (e nel frattempo lo stato di una profonda grave depressione) potrebbe liberarci", la sensazione che tutti quei dogmi immagazzinati ci abbiano limitati al punto da farci considerare che "il mal d'amore non è altro che la conseguenza di una maturazione psichica insufficiente o lacunosa", la sensazione che "la libertà emotiva - sessuale - sentimentale risulta ingestibile e per di più generatrice di nuove sconosciute afflizioni", la sensazione che il luogo in cui vivo è troppo stretto per contenere l'espansione dell'anima, la sensazione di comunicare (appartiene alla natura) e di non accogliere ciò che è comunicato (appartiene alla cultura), insomma la sensazione di soffocamento.

Ad un certo punto della nostra esistenza l'albero della vita scricchiola ed è possibile notare anche un certo appassimento, comunque s'arresta nell'insoddisfazione per la comparsa di quelle strane sensazioni suddette che, improvvise, ne vogliono modificare il percorso, variare forme e contenuti attraverso colori e musiche completamente diverse, cambiare lo spartito da suonare e recitare liberamente un copione tutto ma proprio tutto nuovo.

Ad un certo punto della nostra vita un uomo e una donna, una "presunta??!!" coppia d'amore, unita o meno dal vincolo matrimoniale non importa, si ferma guardando la perdita di quella unità (ricordate il mito di Aristofane?) tanta agognata, ricercata, voluta, sognata, creata e raggiunta (il senso è che l'altra metà proprio non ci va più) che ora si sta piano piano sfaldando e incamminando verso la dualità e dunque verso quella individualità che poi è tanto ma tanto lontana dal punto di partenza che è la coppia, perciò ci si incammina in un viaggio a ritroso ritornando alle origini e dunque al tempo della felicità imperante ed incontrastata.

Sorprende pero' che a questo punto nell'uno incombe il disagio prima, la sofferenza angosciante poi, infine la psicopatologia (attacchi di panico - fobia - depressione...) che si manifesta in tanti segnali, alcuni facilmente visibili anche ad un occhio non attento, altri invece che si nascondono nel profondo e là restano incatenati chissà per quanto tempo.

In fondo non è poi mai semplice "separare quell'unita' - coppia" così a cuor leggero, richiede tanta e poi tanta fatica, nel corpo e nell'anima, uno sforzo incredibile come quello di segare il grosso tronco di una quercia gigantesca con una sega per niente elettrica o a scoppio ma solo con l'aiuto delle proprie mani. D'altronde con chi dividere questa sofferenza?

A chi rivelarla per liberarsi almeno un po' del "peso" che si pone sul l'anima e non la fa respirare?

Sappiamo infatti (meglio dire dovremmo sapere) che "la felicità (corrispondente in tema d'amore alla fine della ricerca dell'unita') non è divisibile e l'unico modo di conservarla è quello di non farla conoscere a nessuno" mentre l'infelicità la si può raccontare a iosa a tutti ma proprio a tutti.

Ora, nel ritrovare la felicità nell'introiezione di quella antica "metà" persa, siamo improvvisamente inondati d'amore e facciamo conoscenza con qualcuno (senza volto dal momento che è avvolto dal buio più fitto che poi è quello della notte ma fino ad un certo punto) che non solo ci fa sentire l'amore danzare nel nostro corpo ma ci permette anche di brillare nel relazionarci con amore. Anticamente l'amore era chiamato Eros, il dio dell'amore fisico e del desiderio, figlio di Caos, e questo non ci aiuta molto nel ragionamento allorquando genericamente adoperiamo la parola Amore e ci raffiguriamo il dio Amore.

Amore ed Eros sono distinti o s'inglobano in un unico dio? Non ci affascina questo punto interrogativo, ci affascina invece sapere che ad un certo punto della nostra/vostra vita ci sentiamo siamo amati, perché sulla scena della vita appare l'amore che "ogni cosa travolge" e fa sorgere quella "creatività" dapprima sopita portandoci pian piano alle "origine", alla nostra/vostra origine. C'è però in tutto questo un qualcosa di strano: laddove l'amore dovrebbe portare "gioia", accade il più delle volte (sempre) che il "dolore" incombe sulla scena. Stranezza dell'umanità, la professione d'amore si trasforma nel suo opposto, un odio senza limiti e senza fine. Stranezza dell'umanità che ci induce a pensare che molto cammino l'uomo ha ancora da fare nel campo dell'evoluzione socio - culturale per affrancarsi da tali stranezze e chissà....

PERCHE' L'AMORE E' STRAORDINARIO?

"Perché nell'amore avvertiamo dentro un qualcosa di straordinario che ci fa stare così bene con noi stessi e con gli altri?". Una rivoluzione, sì proprio una rivoluzione nel senso che siamo "rivoltati", tutto cambia, anche noi cambiamo e finiamo addirittura per non conoscerci più, tanto siamo così diversi da prima. E' però una rivoluzione "benevole" e senza spargimento di sangue, ma se vogliamo però essere più sottili, un po' di sangue c'è perché un qualcosa comunque muore e un qualcosa comunque nasce.

Ora sappiamo (perché lo riscontriamo) che nell'innamoramento il nostro corpo va incontro a delle trasformazioni impesabili nel senso che improvvisamente sprizza energia a profusione e perciò siamo capaci di scalare vette altissime quanto prima ci sentivamo affaticati ai primi passi, vediamo il sole anche se coperto da nubi cariche di pioggia, sentiamo il cinguettio degli uccellini che ci accompagnano nella nostra quotidianità, insomma le percezioni sono pregne di positività e ci danno un'allegria prima sconosciuta.

Che bei momenti fa vivere l'innamoramento!!

Già, vorremmo tutti noi che non finissero mai, che durassero tutta la vita, purtroppo finiscono e lasciano l'amaro in bocca e uno sfinimento senza eguali in attesa di un qualcosa o qualcuno di nuovo.Il fatto è che non siamo abituati "ad usare l'energia prodotta in maniera ampia e allargata", in altri termini è come se usassimo Ecco nell'innamoramento non vi è nulla di straordinario, nell'amore invece sì, tutto, tutti, ogni cosa, ogni persona ha "il suono giusto, il ritmo giusto, un'alchimia giusta", in altre parole nell'amore vi è "l'anima" che avvolge il corpo e lo solleva in alto.

Che significa quello che vado affermando?

Una riflessione va fatta sul perché molte relazioni affettive (che forse impropriamente definiamo relazioni d'amore) sul più bello esauriscono il loro percorso e s'incamminano su strade parallele e per di più cieche nel senso che nell'oscurità dell'anima si cerca affannosamente d'intravedere qualcuno/a dalla parvenza d'amore. Già, l'amore ha sede nell'anima e se questa casa non è poi tanto accogliente per cui vi è un disagio diffuso come potremmo mai amare? Amare cosa, amare chi, se abbiamo forse collocato l'amore nel "cervello", in un organo e dunque in una casa ristrettissima e comunque diversa da quella che ospita l'anima e perciò tossica al punto da rendere ogni relazione affettiva ugualmente tossica e lo stesso amore (?) tossico. Tutto il contrario dunque di "quell'incantesimo" pervadente l'anima che solo l'amore riesce a creare e diffondere, tutto il contrario di "quella gioia" che ci appare "straordinaria" in quanto non poggia la sussistenza su niente se non l'amore. L'amore infatti è un evento straordinario e allo stesso tempo un evento ordinario o meglio dovrebbe esserlo se noi colorassimo l'istintuale (nel senso che così è stato abituato) meccanismo cerebrale d'un azzurro e d'un verde che poi sono i colori del mare, del cielo e della terra e dunque dell'anima.

Lo "straordinario" dunque non è l'amore di per sé ma quell'incontro d'amore per il quale due anime "s'incantano" come se fossero colpite da un fulmine che fa risplendere il cielo d'entrambe allontanando per sempre quelle nuvole dense che incombono sulla vita e rendono il suo percorso spinato. E l'incantesimo dura tutta una vita e nell'incantesimo, se proprio una spina si deve per forza conficcare nella nostra pelle, sia la spina d'amore e solo quella. Purtroppo non sempre è così. Una riflessione anche in questo caso è lecito porsi. Il fatto è che dell'amore esistono fiume di parole e di scritti, perciò l'amore è "compreso intellettualmente" (nel senso che arriva al "cervello") ma "lì" si ferma e purtroppo non ha alcuna effecacia né per la persona né per gli altri. Solo "l'incantamento" permette all'individuo di comprendere appieno il significato dell'amore e abbiamo sostenuto precedentemene che è solo "nell'anima" che tutto ciò avviene, perciò l'amore sorge dentro, nell'anima, prima di incontrare un altro/a dentro e lì fermarsi. Però facciamo attenzione: non è che l'amore fa scomparire le spine disseminate lungo il percorso della vita, proprio per niente, ma una cosa fa sicuramente. Fa sì che queste spine non arrechino dolore e, se proprio indolore non posso no essere, lo rendono più sopportabile e accettabile.

Dico di più. L'amore che vola nell'anima senza mai fermarsi supererà spine, scogli e quant'altro la vita pone davanti in modo spontaneo e non cerebrale o logico e non farà svegliare mai "dall'incantesimo".

LO STRUMENTO SUONATO
DALLE DONNE

E' proprio vero, quando ci troviamo davanti ad un qualcuno/a o un qualcosa che ci attrae o ci piace non ci chiediamo assolutamente nulla, ci accompagniamo attratti a questo o a quella, prendiamo un po' di questo, un po' di quello e forse anche di quest'altro. Insomma ci lasciamo sempre trasportare da quello che ci capita sotto gli occhi, afferriamo sempre quella cosa che ci passa sotto il naso, a volte siamo anche fortunati perché il bello e il buono il più delle volte scacciano il brutto e il cattivo che hanno l'ardire di attraversare la nostra strada, ma questo conta poco. Il fatto è che non "scegliamo necessariamente quello che vogliamo ma quello che è interessante e più lo guardiamo, più diventa irresistibile".

Facciamo un esempio. Ci troviamo in un grande sala, si festeggia e sui tavoli, imbanditi con pietanze le più varie, volgiamo lo sguardo su tutto ciò che la nostra visione può comprendere, cogli occhi insomma mangiamo di tutto e non ci chiediamo mai "di che cosa ho fame o che cosa desidero fortemente". Ecco ci sono molti, moltissimi di noi che hanno questo comportamento e altrettanti che questo comportamento l'hanno per tutta la vita, immodificabile nel tempo. Forse potremmo anche giustificare questo comportamento in quanto nella natura dell'essere, ma fino ad un certo punto e non dico fino ad una certa età perché dovremmo porre dei tempi di crescita e allora ogni spiegazione diventa più difficile e per il discorso che ci accingiamo a fare ci porterebbe lontani.

Allora qual è il punto?

Il punto sta che siamo abituati a guardare fuori, all'esterno e con difficoltà e forse mai o superficialmente ci avventuriamo nell'interno, nel dentro ove anche qua possiamo trovare di tutto e dunque anche qua possiamo guardare tutto e porci la domanda "credo di volere...si' ecco cosa voglio veramente". Trasferiamo ora i concetti su espressi nel campo delle relazioni in genere e in quelle amorose in particolare. Iniziamo col dire con l'analista Clarissa Pinkola Estés che "un amore, un amante non può essere scelto al self-service, ma per un ardente desiderio dell'anima" e "spesso invece scegliamo qualcuno/a che ci sta davanti soltanto perché ci fa venire l'acquolina in bocca", un po' come facciamo con il cibo che ci passa davanti.

Cerchiamo di spiegare questa affermazione. Soddisfare "la fame dell'anima-Se'" è proprio quello che difficilmente facciamo e se questo non facciamo allora si potrebbe spiegare il motivo per cui molte relazioni amorose che soddisfano invece "la fame del corpo " non superano mai la barriera della superficialità e della...banalità e perciò sono destinate a finire quanto prima. L'amante, colui che ama, che sa amare, abita nell'anima, là ha le sue radici che danno linfa, vitalità, energia, ogni giorno, ogni notte, ogni ora del giorno e della notte e perciò, nutriti dall'amore, ogni nostra azione o comportamento e' illuminato dalla sua luce. Là, nell'anima bisogna affondare lo sguardo allorquando incontriamo altri occhi e chiederci "di chi ho fame o chi desidero fortemente" e perciò bisogna ascoltare la voce dell'intuito che è poi quello della "donna selvaggia" e che forse appartiene, non credo però in modo esclusivo o non lo voglio cre dere, soltanto alle donne.

Allora qual è lo strumento suonato dalle donne?

È forse diverso da quello usato dagli uomini?

Una cosa però è certa, esistono profonde differenze, non solo ana-tomiche, tra le donne e gli uomini. Le donne guardano di più e meglio degli uomini il dentro e dal dentro guidate plasmano il fuori, gli uomini guardano di più e meglio delle donne il fuori e dal fuori guidati coprono il dentro. Gli uomini proiettano il loro vissuto sulle donne e le tormentano sino a stancarle, le donne introiettano il vissuto degli uomini e lo contengono sino ad abbracciarlo e amarlo. Eppure donne e uomini si incontrano, si fermano, si guardano, si abbracciano, si stringono, si comprendono, urlano anche, soffrono pure e...si amano, forse, o fingono di amarsi, forse.

Comunque sia bisognerebbe comprendere che in ogni relazione, anche in quella amorosa, una cosa e' della massima importanza: "non permettere a nessuno di reprimere le vostre vivide energie, cioè le vostre opinioni, i vostri pensieri, le vostre idee, i vostri valori, la vostra morale, i vostri ideali". Allora giù la maschera e auguriamoci che uomini e donne suonino un solo stesso strumento che poi è quello che solo l'amore sa suonare così bene da elevare sia uomini che donne e portarli in quel paradiso ove insieme, indistruttibili, vivono corpo e anima.

LA DEROMANTICIZZAZIONE DELL'AMORE

"Amore voglio stare con te tutta la vita, t'amerò all'infinito". Quante volte avete ascoltato, abbiamo ascoltato queste parole? Soprattutto dette negli stati iniziali del rapporto amoroso dove regna il romanticismo e tutto va bene di quella persona, anche quelle fastidiose "piccolezze" su cui sorvoliamo noncuranti presi come siamo a sostare in quell'ideale che ci appare ora così reale da averlo proprio a portata di mano. Accade ben presto che lo spazio tra il reale e l'ideale si assottiglia sempre di più, a svantaggio dell'ideale, e quelle "piccole imperfezioni" assumono proporzioni sempre più grandi e perciò avviene quello che possiamo chiamare la "deromanticizzazione" dell'amore. Avvertiamo o meglio iniziamo ad avvertire un fastidio strisciante che man mano aumenta sempre di più, quell'affiatamento d'un tempo scompare e ci porta a considerare l'altra/o sempre più distante e lontano da quella adorabile personaconosciuta, s'affaccia la prima crisi, una venatura insopportabile che s'insinua e scorre a demolire pian piano "il romanticismo" dell'amore. Accade allora un qualcosa di strano, "quell'attrazione iniziale di determinate qualità della nostra anima gemella cede il passo al fastidio che ci danno quelle stesse qualità". Succede insomma quello che comunemente viene chiamata "inversione edonistica" nel senso che quell'aspetto dell'amato/a che prima ci dava piacere ora ci da' fastidio, proprio non ci piace più e non ci diamo pace. Poniamoci allora queste domande. La prima, "come è possibile che ciò possa accadere?" e la seconda, "alla lunga è naturale questa disillusione?". Iniziamo col dire "che è ampiamente confermato che più una persona fa sfoggio di una particolare qualità o virtù, più quest'ultima tende a diventare molesta". L'ammirazione, un tempo, per determinate estreme qualità dell'amato/a sfocia all'interno di una relazione in un qualcosa di opposto o meglio porta ad una interpretazione completamente diversa di quella stessa qualità. Facciamo un esempio e prendiamo "l'indipendenza" come qualità. Se intendiamo in modo positivo in una persona amata l'indipendenza nel senso che quella persona è in grado di camminare con le proprie gambe, avviene che quella stessa indipendenza così gradita viene intesa "come non aver bisogno del proprio partner". E questo all'interno di un rapporto determina un certo fastidio e la somma di più fastidi determina una crisi e la crisi può costare cara al rapporto in tutti i sensi possibili. La crisi inizia ad entrare nelle ossa, le attraversa in lungo e in largo fino ad allagare l'anima e costringerla sempre di più nel senso che non le permette più di vivere e per di più la confonde sempre di più. Un aiuto può venire dalla consapevolezza di sé ma non tutti ce l'hanno, la "consapevolezza che le qualità positive hanno, per loro natura, un risvolto negativo e perciò è inutile insistere in una visione unilaterale, allargare lo sguardo a trecentosessanta gradi, e forse anche di più, potrebbe portare ad una migliore visione di sé e dell'altro/a.

Allora la disillusione è dietro l'angolo, ferma ad aspettarci? È naturale la deromanticizzazione dell'amore?

Naturalmente avviene che "una volta terminato il corteggiamento e conquistato il partner si è portati a lasciarsi andare in più cose, pensieri e comportamenti, e soprattutto si va incontro ad un continuo processo di "iniziazione".

Cosa e dove porta questo processo e che significato ha per la persona?

Il fatto è che siamo naturalmente sottoposti a continui cambiamenti psichici, perciò passiamo "da un livello di conoscenza e comportamento a un altro livello di conoscenza e di azione più maturo e più energico". In altri termini assistiamo a passaggi continui nel senso che "ci sono sempre nuove età, nuove fasi e altre prime volte che ti attendono, ci aspettano", perciò si può passare nel modo più natu-rale possibile verso un nuovo modo della conoscenza e dell'essere. Questi passaggi sono a volte lentissimi, a volte così accelerati che persino ci spaventano e finiamo per averne paura. Già, abbiamo paura perché "sentiamo un forte vento nella psiche", una tempesta però necessaria per consentire un lavoro interiore foriero di cambia-menti di rotta alla nave in cerca di un ancoraggio tranquillo dove poter attraccare. Ma non sempre questa tempesta è avvertita in senso positivo. Badate bene, tutto questo lavorio può essere imbri-gliato di modo che si ha difficoltà a proseguire, ad andare avanti, e perciò cristallizziamo il processo in una "non scelta" che in fondo paralizza la persona. Consapevoli o no tutto ciò accade nella natu-ra dell'essere e nel modo più naturale possibile, perciò anche la "paralisi" va compresa nella positività apportatrice di benessere nella sofferenza individuale.

Dovremmo sapere che in noi però vi è un altrettanto naturale pote-re che è poi la forza derivante dalla consapevolezza dei nostri pen-sieri e dei nostri comportamenti e soprattutto dalla consapevolezza di un "predatore" interno che non si stanca mai di lottare. E lotta per vivere non per morire.

"IL TRADIMENTO"

Prendiamo in considerazione questa volta la Narrazione del Tradimento rifacendoci alla sua etimologia quale "tradere" o "traditio" che significano appunto tramandare, narrare, insegnare e alla sua definizione storica quale "traditore è chi danneggia la persona del sovrano o i suoi beni, chi viene meno a un patto o alla fede data". Emettiamo subito un postulato: "il tradimento è indissolubilmente legato alla relazione, è solo quando si forma un Noi che c'è insita la possibilità del tradimento". Noi dunque non siamo nati per essere soli, la solitudine non ci appartiene, non è di questo mondo né forse dell'altro, di questo mondo sicuramente è la Relazione. Nessuno però conosce "sino in fondo e esattamente" tutte le parti di se' e allo stesso tempo la presenza costante del "doppio" che galleggia nell'animo, perciò nessuno sa che cosa succederà nella relazione o meglio nell'interazione con l'altro.

Ho sentito un'infinità di persone affermare con estrema sicurezza di non poter mai tradire, di non essere stato/a mai tradito sino poi a vedere un giorno improvvisamente volatilizzarsi questa certezza. Un esempio fra tanti la figura di Pietro. Non rinnegò forse Pietro tre volte Cristo prima che il gallo cantasse, Lui che aveva fatto fede di non tradire mai e poi mai?

Bene, ora sappiamo che l'Umano può tutto e dunque può anche tradire. Ci chiediamo poi spesso il motivo che spinge al tradimento e la causa che lo determina come se vi fosse un "interno" ed un "esterno" che proprio non si guardano e reciprocamente si trascurano. Non è proprio così, ma per abitudine o meglio per comodità siamo soliti fare una netta distinzione o scissione o separazione tra il "traditore" (disgraziato, delinquente, etc.) e il "tradito" (poverino, buono, educato, etc.) venendo meno al postulato emesso, cioè la Relazione e il Noi. Ditemi ora, quanti nella relazione amorosa sono attenti a cogliere il disagio dell'altro/a?

Quanti l'accolgono e nell'accoglierlo lo fanno proprio "mettendosi nei panni dell'altro/a?

Non me lo dite perché forse sarei costretto a non credervi perché "purtroppo per avere una vita sociale abbiamo bisogno di dare per scontate fiducia e lealtà".

Naturalmente la relazione, amorosa o no, non prescinde dall'individuo, dunque siamo capaci di vederci in chiaroscuro prima di notare il chiaroscuro dell'altro/a?

Possiamo poi considerare il tradimento una psicopatologia o malattia come si suol dire? Certo. Lo riscontriamo nelle personalità paranoidee, nei disturbi del comportamento di tipo delinquenziale, i disturbi borderline, insomma "in tutti quei sistemi relazionali a legame debole o di tipo strumentale o parassitario".

A questo punto la narrazione si fa sempre più complessa, soprattutto se introduciamo un'altra domanda.

"Il traditore attacca la persona o la relazione"?

Predice uno "scontro" o un "incontro"?

Troppe domande e troppe variabili individuali possibili, a voi le risposte. Noi terminiamo il discorso affermando che "il tradimento è prima di tutto la condizione per entrare nel mondo reale, il mondo della coscienza e delle responsabilità" e dicendo che comunque nel traditore possiamo scorgere anche qualcosa di "allegro" sia in senso evoluzionistico sia nel senso che pochi sono traditori in toto. Comunque senza il tradimento non vi sarebbe il perdono e non vi sarebbe forse l'amore.

LE FIABE PARLANO D'AMORE

C'è tutto scritto nelle fiabe e nei miti delle più diverse tradizioni culturali, là si narra di una vita che non muore mai, là affondano le radici della nostra esistenza che non muoiono mai, là si legge di uno spirito e di un'anima che ha "risorse sorprendenti e una forza psichica potente, istintuale e creatrice ma soffocata da paure, insicurezze e stereotipi" che non permettono di liberarsi dalle catene di un'esistenza non conforme ai bisogni più autentici e di «correre» con il proprio corpo e con la propria anima. A differenza però del corpo che va in ogni modo nutrito nel migliore dei modi, "l'anima e lo spirito riescono a crescere vigorosi con poco, addirittura nulla, e per lunghi periodi". Ecco il guanto di sfida che sarà lanciato a coloro che non hanno nulla da offrire o non vogliono, ingordi, offrire nulla della loro materia e tengono, stolti, tutto ma proprio tutto per sé, "la consapevolezza che si cresce e si sviluppa indipendentemente da loro e si continua a fiorire anche sotto tortura perché il legame dell'anima si nutre di una forza che non si spezza mai". Vero è che è difficile "immaginare come una persona possa riconoscere un altro simile se non ha ancora mai conosciuto se stesso", "è difficile immaginare come una persona possa riconoscere l'amore se non l'ha ancora mai conosciuto, se l'amore non si è mai sviluppato appieno"Ora possiamo avere forza psichica in quantità (ed è certo che ognuno la possiede, una specie di pozzo cui attingere sempre a piene mani) ma se lo sviluppo della coscienza dell'amore (una rondine che vola nell'anima e la fa fiorire come se fosse sempre primavera) resta immobile, anzi inghiottito dalle sabbie mobili, non ci rimane che "l'istinto di errare fino a trovare altrove ciò di cui si ha bisogno con tante paure ed insicurezze addosso". Allora proviamo a chiederci se l'amore si cerca o si sente, se fa parte naturale di

quella forza psichica cui ognuno può attingere o è una forza ester-
na che non si sa come né quando arriva, un bel principe o cavaliere che arriva d'incanto col suo cavallo bianco e con un bacio porta
in vita la bella addormentata.

Già senza amore non c'è vita, ma l'amore fa veramente vivere?
E ancora, si può immaginare una vita interamente sostenuta dal-
l'amore escludendo altri sentimenti?

Già altre volte abbiamo detto che l'amore si annida nell'anima, ora
abbiamo aggiunto che all'anima basta poco o nulla per "stare
bene". Un sorriso che si presenta all'improvviso e ci attraversa fino
a riscaldare il profondo, una parola, una voce che sa d'antico e
dice "ti voglio tanto bene, ti amo", una mano calda e carezzevole
che ci fa sentire la presenza dell'altro, una lontananza che poi ha il
sapore della vicinanza, la tendenza spontanea a correre incontro e
non allontanarsi....

Potremmo continuare all'infinito, il senso è che l'amore appartiene
all'anima, perciò non potremmo mai sentire l'amore se questo non
avesse già dimora fissa nella nostra anima, se non affondasse le
radici in quel primario (immortale?) amore, contenuto e racchiuso
nell'anima, che poi ci ha fatto dono della vita e che ci tiene per così
dire legati nella vita come nella morte. Dunque l'amore ci appartiene, è in noi quella forza (assieme a tante altre) della psiche che ci
fa incontrare l'altro, ci spinge dentro l'altro e ci fa accomodare nella
poltrona della sua anima e permette di conoscersi. A volte accade
anche che la forza dell'amore è così grande che si ha un'altrettante
grande paura, una paura che spaventa e si trasforma di tanto in
tanto in tormento, un tormento che genera angoscia e a sua volta
non permette di vivere l'amore nella sua pienezza. Allora bisognerebbe comprendere che l'amore potrebbe intessere più trame, una
tela di Penelope costruita di giorno e disfatta di notte, un film a
scena unica ma con diversi attori e molteplici personaggi, una rappresentazione a tema unico ma con la possibilità di uscire fuori

tema, insomma è l'amore e l'amore vuole solo vivere e non si fa alcuna domanda. Bisognerebbe anche comprendere il significato della fatidica frase pronunciata alla fine di una relazione, "non ti amo più, non sento più niente per me, sei come un'amica/o", frase pronunciata con estrema difficoltà come se fosse scritto da qualche parte dell'eternità dell'amore. Il sentimento, quello sì, è e sarà con noi finché viviamo, anzi è esso stesso vita, guai se non fosse così. Allora si cercano gli errori, gli sbagli, le colpe, si fruga meglio nella personalità propria e dell'altro, fino ad arrendersi prostrati in uno stato confusionale. Il fatto è che bisognerebbe incontrare una vera donna o un vero uomo che saprebbero (questo è fondamentale) che nessuno dei due ha sbagliato in quanto non esistono errori nel mondo dell'anima, né torti, solo amore. Infinito amore. Dunque il sentimento, quello sì, è e sarà con noi finché viviamo, anzi è esso stesso vita, guai se non fosse così.

"Tutto ciò che ci accade è sovra valutato dalla personalità, mentre per l'anima è solo un'esperienza". La ricerca dell'amore dunque, per uomini e donne, dovrebbe essere sicuramente rivista e rivalutata.

IL CAVALLO DI TROIA

Narra Omero nell'Iliade di Ulisse e del famoso stratagemma del Cavallo di Troia che permise agli Achei, nascosti nel suo ventre, di espugnare dopo lunghissimi anni la città di Troia e porre così fine alla guerra sorta nel nome di Elena. Già, il Cavallo di Troia. Prendo a spunto quanto descritto in questo poema (del Cavallo appunto) per dire che anche in noi, nel ventre del cavallo/a che siamo tutti noi e che libero nitrisce, s'imbizzarrisce, galoppa, va al trotto e beato pascola sui prati in fiore, "esistono in forma archetipale due cavalli", uno bianco e uno nero, che si contrappongono fra loro, che si azzuffano anche per prevalere l'uno sull'altro, che spingono, pressano e a volte entrambi sono insopportabili, perciò viene la voglia di uscire dall'involucro del ventre ove sono contenuti e vivere senza esserne schiavi. Potremmo paragonare questi due cavalli agli emisferi cerebrali, il destro e il sinistro, che hanno però in questo caso funzioni e centri complementari e diversi allo stesso tempo ma nel discorso che andiamo a fare sarebbe più opportuno e comprensibile nominare questi due cavalli in altro modo, il "creativo spumeggiante" quello bianco e il "programmatore silenzioso" quello nero. Come per gli emisferi cerebrali anche qua ci troviamo di fronte a due cavalli nella sostanza quasi "estranei" tanto sono diversi.

Il "cavallo programmatore silenzioso" è quello "ordinario" nel senso che svolge alla perfezione il compitino che gli è stato assegnato e installato sin dalla nascita attraverso un codice genetico e "tutte quelle informazioni che gli arrivano dall'ambiente dal periodo della gestazione in poi". Perché poi al programmatore abbiamo aggiunto "silenzioso"?

In realtà il cavallo programmatore "soggiorna e abita nella mente ordinaria" nel senso che difficilmente va fuori binario e come un treno rispetta a pieno gli orari di partenza e fermata nelle stazioni. A

34

volte può anche essere in ritardo e perciò accelera pure, "è rapido, scattante, nervoso, frizzante, frenetico ma silenziosamente impiegato a fare ciò che lui sa fare da tempi infiniti e remoti, a fare in altre parole ciò che gli è stato scritto e insegnato". Insomma per comprendere meglio questo cavallo possiamo dire che è quel cavallo che sa che "il fuoco brucia, che le persone sono buone e cattive, che il buio, l'oscurità può spaventare e perciò è meglio camminare per strade illuminate, che l'inverno è freddo e l'estate calda, che una rondine non fa primavera e tante ma tante altre cose". Lo potremmo forse anche definire "sapientone" perché sa tutto lui o meglio è convinto che tutto lo scibile umano è racchiuso nella sua persona, in ogni modo questo aspetto del cavallo programmatore è molto importante perché la saggezza finisce per "salvargli la vita molte volte e non farlo cadere nei guai seri che la vita gli pone davanti in ogni ora del giorno e della notte". A volte questo cavallo suscita, a guardarlo bene, anche tanta rabbia perché frega sul tempo tutti gli altri cavalli programmatori, è così "veloce" che taglia sempre per primo il traguardo e perciò finisce col vincere sempre lui. Fermiamoci un momento prima di descrivere il cavallo bianco – creativo spumeggiante per fare alcune considerazioni del pensare e dell'agire di questo cavallo/a nella relazione amorosa. Comprendete bene che per questo cavallo l'amore (ma il concetto si potrebbe estendere alla felicità, all'odio…) è tutto un programma nel senso che il/la partner deve essere proprio quello/a stabilita dal suo programma, che la data del matrimonio è quella decisa e non bisogna andare oltre, che il pensare e l'agire all'interno della relazione amorosa non sono soggetti a nessuna variazione o modifica e guai se ciò dovesse capitare, insomma questo cavallo/a non accetta di buon grado la possibilità che una persona sia plastica e in più modi modellabile (non importa se in bene o in male ma per il cavallo/a nero sempre in male)) nel corso degli anni relazionabili. Veniamo ora al cavallo/a bianco o come l'abbiamo chiamato il "creatore spumeggiante". Dovete sapere che per il cavallo/a bianco non vi è nulla di "prestabilito" ma tutto è in continuo, rapido cambiamento e i problemi che si presentano non hanno nulla "d'inatteso o sorprendente" ma sono visti con quella creatività e fantasia tipica di questi cavalli. Rispetto al precedente cavallo (veloce) questo cavallo è "lento" e perciò dà l'apparenza di uno che ha la testa tra le nuvole, di un semplicione che crede tutto ciò che gli è detto, di uno "sprovveduto" che se ne può fare, volendo, quello che si vuole, insomma "un filosofo che elabora inutili concetti di possibilità mai sperimentate e quindi pericolosissime" o un "poeta che si perde in un romanticismo fuori del tempo". Forse non è un cavallo vincente come il precedente ma è un cavallo che "s'allena" ogni ora del giorno a tirare fuori del pozzo "quelle potenzialità" incredibili che possiede e che in fondo fanno sì che ogni giorno sia un giorno nuovo e che vi sia sempre qualcosa da scoprire oltre che inventare. Può sembrare strano ma è un cavallo "temuto" dall'altro cavallo (il nero) perché una sua vittoria porterebbe l'individuo tra le braccia della felicità (e il sistema programmato in ogni cosa ne risentirebbe) e allo stesso tempo "invidiato" perché il cavallo bianco ha nelle relazioni amorose quel successo spumeggiante che manca al cavallo nero. Ora ciò detto, possiamo affermare che il cavallo/a bianco – creativo spumeggiante vive nelle relazioni amorose quel senso di "libertà" immergendolo nel mistero della vita che poi è il suo mistero e perciò affascina in quantità e soprattutto in qualità i cavalli e le cavalle che gli girano intorno. Insomma in amore ha certamente più successo e in questo vive e fa vivere.

Ora possiamo dire che l'amore nato dall'unione di questi due cavalli è una "miscela esplosiva" dove l'uno costantemente fedele nel tempo e l'altro costantemente infedele (non vi spaventate perché qui s'intende costantemente creativo e dunque nuovo) convergono in un solo cavallo/a che possiede la consapevolezza di indirizzare questa miscela esplosiva.

ISTINTO E BISOGNO

Voglio questa volta, sempre a proposito dell'amore, porre una domanda e cercare di dare una risposta o una possibile spiegazione. "Quanto incide in amore l'Istinto e che valore ha?". Allora cominciamo col dare una definizione della parola "Istinto" e affermiamo che "gli istinti sono impulsi che inducono i viventi ad agire in base a schemi d'azione che non hanno bisogno di essere appresi né derivano da esperienze fatte". L'Istinto è dunque energia specifica, preformato nel senso che non è appreso, uniforme nel senso che non vi sono differenze individuali, costante durante tutta la vita dell'individuo, stabile attraverso le generazioni e ignorante dello scopo nel senso che è raggiunto (lo scopo) indipendentemente dalla consapevolezza. Da questa definizione ne discende che gli istinti sfuggono a qualsiasi relazione (a partire dalla prima relazione che è poi quella mamma - figlio) nel senso che dalle relazioni non sono minimamente influenzati dal momento che "essi nascono ben prima che si formi la nostra idea del bene e del male". Dunque né la primaria relazione Io – Mamma oggetto né la successiva relazione Io – Mamma, persona, Altro/a, così importanti per l'acquisizione di modelli plasmanti la personalità, riescono in fondo a condizionare gli impulsi istintuali. Non vi riescono proprio perché gli istinti "sono indispensabili per realizzare la nostra natura, proprio come accade ad animali e piante". Si, anche e come negli animali e nelle piante. Nel mondo animale, infatti, smarrire l'istinto ha un significato sempre infausto e nel mondo vegetale le radici di una pianta sono come gli istinti per un animale: non è pensabile farne a meno. Bisogna sottolineare però che soltanto alla specie umana, in virtù della zona superficiale del cervello costituita dalla corteccia cerebrale, è consentita l'elaborazione dei pensieri astratti tesa non a finalità strettamente biologiche come per es. alla sopravvivenza del singolo e della specie bensì "ad un'attività cosciente che può andare oltr le motivazioni di ordine biologiche per aspirare a bisogni di ordine superiore connessi alla vita sociale e al desiderio di conoscenza". Soltanto all'uomo dunque appartiene la razionalità e la comprensione. A questo punto nel ragionar sull'Istinto abbiamo incontrati altri termini che all'Istinto si legano e quasi sono una legittima derivazione, parlo "della Passione, dei Bisogni, della Razionalità e della Consapevolezza". Accingiamoci dunque pian piano a mettere in comunicazione l'Istinto con queste altre forze. Allora iniziamo a dire che a prescindere dal tipo di Istinto (riproduzione, sopravvivenza e protezione) possiamo affermare che l'istinto è quella forza, quell'energia paragonabile alla lava incandescente di un vulcano pronta ad erompere da un momento all'altro e che investendo l'altro/a può allo stesso tempo essere distruttiva e mortale come costruttiva e vivifica. Gli istinti in generale (ancor meglio l'espressioni istinuali) non risentono e non sono costantemente modulati dal tempo e dal sentire socio - economico in cui si trovano ad agire dal momento che sono automaticamente innati e non sono frutti di apprendimento né di scelta personale e comunque, vi sia o no la benefica o malefica interferenza di questo tempo sociale, soltanto allorquando gli istinti fluiscono liberamente, siamo in armonia coi nostri comportamenti e con noi stessi e evitiamo in questo modo infelici, perniciosi, frustranti, denergizzanti e stagnanti blocchi conflittuali e l'incapacità di lasciarsi andare. Ciò detto, potremmo senza dubbio inquadrare l'Amore e la sua forza nell'Istinto, guai se non fosse così perché ci toccherebbero tempi ancora più brutti. Sì, certamente l'Amore fa vivere al contrario dell'odio che fa morire, allora perché questo sentimento positivo a volte ci fa stare male, ci fa piangere, ci rattrista, ci fa disperare, arreca forte dispiacere e in ultimo ci fa morire dentro invece di farci vivere? Perché una forza, l'Amore, messa a disposizione della vita e già innata nel bambino capace già di distinguere il bene dal male e propendere sempre per il primo, è così maleducata da comportarsi proprio male? Ecco, a questo punto entra in gioco un'altra forza, potremmo definirla "pulsione" che mira alla soddisfazione dei propri "bisogni", siano essi fame, sonno o sesso cioè i bisogni basilari dell'uomo per non parlare di quelli più alti quali sicurezza, affetto, stima, prestigio o realizzazione di sé, che si basano su schemi appresi tramite l'interazione tra l'individuo e l'ambiente senza obiettivi particolari o derivanti da esperienze passate. Pensate per un solo momento a cosa accade nell'incontro tra un uomo qualunque e una donna qualunque e cercate di immaginare cosa accade in ognuno di loro soffermandovi sulla loro rispettiva pulsione e sui loro rispettivi bisogni. Urge però dare una definizione di "bisogno" altrimenti non sapremmo spiegarci molte cose che accadono e quindi definiamo il bisogno come quella mancanza totale o parziale di uno o più elementi che costituiscono il benessere della persona. Già, il benessere della persona è la finalità per cui due persone s'incontrano e i bisogni dell'uno soddisfatti dall'altra e viceversa fanno propendere per "stare insieme", incamminarsi cioè su quella strada ricca d'amore che porta diritto diritto al fidanzamento prima e al matrimonio dopo nel pieno, badate bene, benessere di entrambi. Ora cosa accade allorquando la coppia così formata o uno dei componenti della coppia, improvvisamente o no, si rende conto che uno o più dei suoi bisogni che prima si incastravano perfettamente nell'altro/a non sono più soddisfatti? Si passa naturalmente dal benessere al malessere, un sottile disagio che afferra prima il corpo e poi l'anima, una sofferenza a volte così forte da allontanare da sé l'altro/a pensando che sia la fonte di quello star male. Si cerca allora altrove ma dove (?) volgere lo sguardo, all'interno prendendo in considerazione i propri bisogni o all'esterno in un "oggetto" persona capace di venire incontro ai propri bisogni. Un dilemma a volte difficile da risolvere, perciò l'immobilismo avitale la fa da padrone e il benessere se ne va assieme all'istinto che man mano si spegne. E la fine incombe fino a che....

L'EQUAZIONE AMOROSA

"Come abbiamo potuto incontrarci, tu e io, tra più di sette miliardi d'esseri umani?". Una domanda fra le tante che ci assilla nel silenzio dell'anima o nel clamore delle parole ma qui non si vuol dare una risposta, in questo articolo la domanda c'è utile per introdurre "l'Equazione Amorosa" in pratica l'argomento di cui ci si vuole occupare, quello dell'incontro tra due persone che in seguito stanno insieme e dicono di amarsi. Già, l'Equazione Amorosa, un'equazione così perfetta da essere difficilmente modificabile, un'equazione la cui lettura potrebbe apparire incomprensibile, insomma una bella matassa da dipanare ma da svelare subito per poi dare adito ad alcune riflessioni che a loro volta possono sfociare in possibili risposte. Ecco dunque l'Equazione Amorosa. "La Passione sta all'Istinto come il Bisogno sta alla Ragione" o riportata e scritta in senso classico "Passione : Istinto = Bisogno : Ragione". Abbiamo appreso (da precedenti articoli pubblicati su "Le Voci" a proposito del mondo interiore) che l'Istinto non è proprio abituato a fare tanti ragionamenti, anzi non ne fa proprio in quanto energia allo stato puro, lava incandescente o forza della natura che se ne sta quieta o bolle nell'antro dell'interiorità e improvvisamente esplode senza una finalità ben precisa. Ora immaginiamo per un istante un bel caminetto, sì il caminetto di casa vostra/nostra con tanta legna che sta lì pronta per prendere fuoco ed emanare quel calore che rende la giornata più accettabile e la vita più accogliente. Improvvisamente la legna comincia a bruciare, prende fuoco e una fiamma s'eleva ad illuminare tutto il camino e riscaldare persino l'ambiente circostante. Un fiammifero, un banale insignificante fiammifero è stato capace di creare quella rossa fiamma di fuoco che stranamente divampa, addirittura incendia ma non fa male, anzi dà un piacere intensissi mo e inconsueto.

Trasportiamo ora questa immagine (del camino, della legna, del fiammifero e della fiamma) sull'Equazione Amorosa o meglio sul suo primo tratto, laddove è stato affermato che la Passione sta all'Istinto. Comprenderete forse bene che il caminetto non sia altro che "l'interiorità", la nostra interiorità che non è fatta solo d'organi (il cuore per es.) ma d'emozioni, di sentimenti e appunto d'Istinti (la legna del caminetto) che se ne stanno lì a volte beatamente tranquilli nell'attesa di essere accesi o di accendersi spontaneamente, altre volte danno calci e pugni così forti da provocare un dolore allucinante difficilmente sopportabile. La Passione in generale e quella Amorosa in particolare (fiammifero e fiamma che appartengono al "fuori" e al "dentro" allo stesso tempo) accende (guai se non fosse così) la miccia degli Istinti (legna) e sprigiona quel piacevole colorito rosso fuoco nell'interiorità. Il problema però non sta nella Passione e neppure negli Istinti ma nel fatto che non possiamo prevedere quanto dura la Passione perché ad un certo punto accade che s'incenerisce come la legna (istinti) che diventa cenere e la fiamma (passione) prima divampante pian piano diventa fiammella e poi si spegne del tutto. Senza il fuoco della Passione, gli Istinti vanno in letargo, sonnecchiano e prendono un po' di colore soltanto nel sonno perché di giorno la nebbia li avvolge e non fa loro vedere il sole che fa capolino sulla vita. Già, perché nonostante tutto la vita continua a scorrere, però non ha quel colore rosso fuoco ma piuttosto un colorito pallido che sfuma nel grigio. A questo punto è lecito domandarsi che cosa o, meglio, cosa accade a far sì che la Passione cala e con essa s'addormentano gli Istinti? Non vivremmo forse meglio se ciò non accadesse? Andremmo sempre a mille ma non per questo ci fermeremmo, anzi ci sembrerebbe di volare senza ali.

Fatto sta che ad un certo punto un "infiltrato" inizia a corrodere la Passione e perciò quello stato "paradisiaco" così ricco di creatività, di spontaneità e di slancio si trasforma in un "inferno" ancora più caldo e persino più bollente della stessa Passione. Diciamo pure che la Passione non è esente da sofferenza, tutt'altro, ma è una sofferenza accettabile e in ogni caso così pregna di ricchezza (e quella materiale e quella spirituale) che addirittura fa "rinascere" e per questo la vita ci appare non solo più bella e colorata ma anche più lunga proprio perché assistiamo ad "una nuova nascita" più piena proprio per l'azione della Passione. A questo punto per dare un nome all'infiltrato dobbiamo passare alla seconda parte dell'Equazione, "come il Bisogno sta alla Ragione" o in maniera classica "= Bisogno : Ragione". L'infiltrato dunque è "il Bisogno" all'interno di tutto "un Ragionamento" che diventa "così pesante" da soffocare la Passione e gli Istinti e dunque non far più vivere o meglio non far vivere e sbocciare quella "Natura passionale" che è in ognuno di noi e che ad alta voce vorrebbe gridare ai quattro venti la sua nascita. Vivere un relazione amorosa sotto lo stimolo di "un Bisogno" (vale a dire la mancanza totale o parziale di uno o più elementi che costituiscono il benessere della persona) assume allora il significato di "ragionare sull'Altro/a e non credo sia la migliore espressione dell'Amore perché comporterebbe una continua sofferenza oltre che una nociva dipendenza dall'Altro/a. Per questo motivo il desiderio comune è quello di non abbandonare mai lo stato passionale ma deve purtroppo da conto (tanto conto) a... sé stesso

L'EQUIVOCO D'AMORE

Siamo stati abituati per tanto tempo sia in campo cinematografico che in quello teatrale (e poi l'abbiamo trasferito inconsciamente nella vita) a rappresentare "l'equivoco d'amore" come quella sorte d'ingarbugliata relazione affettiva in cui nessun attore (o solo qualcuno, il più sveglio o furbo) mostrava piena consapevolezza del ruolo che interpretava ma che però aveva l'effetto di provocare uno stato d'apparente ma visibile "benessere" (o sorriso?) a se stessi, alla coppia e alla relazione affettiva in generale fino a quando questo benessere - riso nel tempo non si tramutava nel suo opposto, "il malessere o il pianto". Il nodo cruciale (che proveremo a sciogliere) sta nel fatto che vi è sempre, nella vita reale come in quella virtuale, "uno che soffre e l'altro che ride, una che è felice e l'altra che è infelice, uno che ama ed è riamato e l'altro che ama e non è pagato con la stessa moneta" all'interno di una relazione d'amore che è basata tutta sull'equivoco e che regge fino a quando l'equivoco non è svelato, o meglio, non si prende coscienza della struttura della relazione che pian piano esce fuori dopo essere nata e che solo allora potremmo chiamare relazione d'amore. Bisogna però anche riconoscere che non sappiamo se la presa di coscienza dell'equivoco (e dunque di ciò che ha sede nella propria interiorità prima di essere portato fuori) apporta poi quel benessere alla relazione che nell'equivoco trova la sua massima espressione e vitalità oppure innesca uno scenario tutto nuovo cui non siamo abituati perché in fondo impreparati a rappresentarlo nella nostra interiorità prima e viverlo poi.

Quello che dovremmo tenere a mente è che "di vita non ce n'è una sola in quanto ognuno la vede a modo suo".

Quale migliore scena possibile allora dovrebbe essere raffigurata e come dovrebbero muoversi su questa scena gli attori per poter dire "senza equivoci" che la relazione d'amore naviga nel pieno benessere?

Assumiamo a scenario la società attuale e l'oggi che proviamo a vivere nel migliore dei modi possibili. Certo, i tempi passano in fretta, le mode anche cambiano e non stanno mai ferme, si va avanti per errori e correzioni e soprattutto sembra che a dipingere la società attuale vi sia una mano occulta che traccia le linee di un percorso da seguire nel bene e nel male. Insomma la società attuale sembra essa stessa un "ambivalente equivoco" nel senso che rappresenta il bene da perseguire e il male da evitare in eguale misura ma attingendo molto alla "commedia degli equivoci" in cui il "riso" dovrebbe concorrere in maniera sostanziale al benessere dell'individuo. Un riso stolto, fatuo, insignificante, sordo, insensato, inespressivo, piatto, aleggiante sulla scena della società, non può essere espressione di benessere bensì di "maledetto equivoco" che ancora l'oggi al passato e lo proietta in un futuro apparentemente migliore.

Ecco la società è troppo ancorata al passato e, paurosa per i possibili futuri cambiamenti, finge di adoperarsi per migliori prospettive mentre in realtà teme l'individuo e il suo contenuto fatto di creazioni intellettive infinite. Una società "maschilista" che finge di aprire le porte ad una società "femminista" e in realtà teme l'intrusione e il sopravvento di questa ultima tanto che cerca di sopprimerne quelle sue insite qualità creative che invece dovrebbe sempre di più "amare". Un "equivoco sociale" che poi sistematicamente ricade sull'individuo.

In questa società equivoca dunque si muove l'individuo con il suo pensare e il suo emozionarsi, un individuo che pensa sempre più di avere il "diritto di condurre una vita soddisfacente in cui la differenza tra le aspirazioni e la realtà sia proprio minima", un individuo che si vuol sentire "vivo e contento per ogni cosa che appaghi il suo corpo e la sua anima". In una società equivoca possono vivere solo "individui equivoci", individui incapaci di mantenere quella "tenuta psichica" che occorre per reggere l'impatto con la "tempesta emotiva", vale a dire quella condizione di disorientamento che si prova quando si è sopraffatti da una forte emozione (e qualunque relazione d'amore scatena forti emozioni).

Accade allora che è la mente (una mente che vive formata dalla e nella società equivoca) o, meglio, la rappresentazione mentale dell'amore d'ogni individuo a proiettare la sua visione sulle emozioni tanto da discriminare tra quelle positive e quelle negative senza sapere che l'emotività appartiene ad un territorio fluido dove ogni stato d'animo si mescola ad un altro e i confini si ridisegnano di continuo. L'equivoco più grande sta nel fatto che l'individuo è impreparato di fronte all'Amore o, per meglio dire, ogni individuo sostiene "nel viver e nell'agir d'amore" quelle emozioni che scaturiscono dalla sua visione dell'amore creando in questo modo "equivoci" ancora più grandi di quelli contenuti nella società. Equivoci che finiscono poi per seminare aggressività e distruzione (perciò non fanno tanto ridere), il contrario in fondo di quello che si prefigge l'amore che insegue il benessere individuale e dell'altro relazionabile.

Così vogliamo proprio una "vita e un amore senza equivoci?

FAMIGLIE FELICI?

"Tutte le famiglie felici si somigliano fra loro, scriveva Tolstoj. Perché felicità, a volte, fa rima con normalità".

Ed è nella più pura, disarmante normalità che tutto ha inizio, un semplice incontro che s'inserisce in un'apparente normalità, un incontro fortuito così normale da apparire così benedetto per la felicità che riesce ad evocare, un incontro che si cala nel bisogno e ne esce pienamente soddisfatto, tutto normale, anche la felicità vuol essere vissuta non solo immaginata.

Una felicità dipinta nell'interiorità prima e poi proiettata fuori, all'esterno, nell'incontro affascinante e coinvolgente. Già tutto normale se non fosse per "la tenuta psichica" della mente di ognuno di noi di fronte alle tempeste emotive, sì quelle tempeste emotive che poi tanto somigliano a quei cicloni che mettono a soqquadro intere città, intere Nazioni, il Mondo intero per quella violenza distruttrice che le caratterizza.

Morte e disperazione, pianti e urla di dolore servono forse a qualcosa?

Si può frenare quella forza della natura che improvvisa si scatena e tutto devasta?

Corpo e anima, materia e spirito, i primi che prevalgono sui secondi. Tutte le famiglie si somigliano, sembrano normali, forse non lo sono e probabilmente non sono neppure tanto felici o forse lo sono ed allora nell'unicità anche la felicità appartiene a quella unicità ma ogni volto ne ha una dipinta, tante felicità quanti esseri viventi sulla terra.

Si mescola la felicità nel nostro cervello con le altre emozioni e lo fa andare a mille, per la verità anche le altre, ma la felicità è normale, le altre non lo sono, sono anormali, eppure appartengono allo stesso cervello.

No, la felicità appartiene soltanto a me e la voglio condividere con te e da te ne voglio ricevere una altrettanto grande, un treno che marcia in un'unica direzione e che in una carrozza porta gli innamorati amanti, felici di andare avanti verso un orizzonte sempre più chiaro e limpido. Un disegno bellissimo di un pittore anonimo, una rotaia infinita, interminabile, ineguagliabile, sicura, dove la felicità cammina senza intralcio, fiera dell'appartenenza ma debole nelle radici al primo intoppo che ostacola il suo incedere. Ecco una pietra messa là sulla tua strada, sbanda il treno su quella pietra, si ferma incapace di continuare il suo cammino, ma chi è stato a posare quella pietra proprio là, prima non c'era? Non c'era o forse c'era e non l'avrò vista?

Già tutto sembra filare liscio in una coppia creata e amalgamata, non sappiamo però o meglio non sapremo mai se l'amalgama e' forte e per quanto tempo resisterà finché non giunge "quella tempesta" che ogni cosa travolge, anche quella amalgama apparente mente ben riuscita.

Non arriva per caso la tempesta, le emozioni non si possono governare, appartengono ad un territorio fluido e perciò lungi dal pensare che il percorso vitale non sia lastricato di tempeste emotive. Appartengono all'uomo come alla donna, entrambi le devono attra versare e forse nell'attraversare si cresce.

L'uomo non sa perché s'innamora, viene travolto e basta. La donna altrettanto, forse anche più dell'uomo per il fatto che conosce più dell'uomo il significato e il senso dell'amore. Tutte le famiglie felici si somigliano proprio perché la base della loro felicità poggia sull'amore e tutte le famiglie felici sono normali proprio per questo motivo. Purtroppo anche l'infelicità' fa parte delle famiglie felici ma anche le famiglie infelici rientrano nella normalità?

Si è sempre sostenuto che nei momenti difficili si vede di che pasta è fatto l'individuo, è lì nelle "tempeste emotive" che si conosce meglio la persona che si ha accanto, è nell'attraversare queste tem peste che si capisce la consistenza dell'amore.

La liquefazione dell'amore passa attraverso un tormento interiore che mette a dura prova "l'oggetto - amore" strutturato nella mente a partire dal giorno della nascita e a seguire dalla sua acquisizione attraverso le relazioni affettive. L'amore però non può essere ingabbiato all'interno di una "struttura" seppur mentale, l'amore non è un possesso da definirne i limiti ed i confini, l'amore è vita, è un non so che tanto simile al "volo" libero dell'anima che si libera del corpo e vaga senza meta e senza pensiero alcuno.

Laddove c'è aggressività per la violazione non ci può essere l'amore, laddove c'è violenza per il torto subito non ci può essere amore, laddove c'è rabbia non c'è la possibilità per l'individuo di pensare ad una riconsiderazione dell'immagine dell'amore strutturata nella pro pria mente.

Per amare bisogna avvicinare se stesso all'altro e nell'intimità sen tire il sé e l'altro, altrimenti...

LA VITA T'APPARTIENE

La progressiva morte dell'essere, il perverso grigiore della mente, l'accanimento involutivo del comportamento, l'insipiente significato del tempo, l'oscuramento barbarico del cuore, il ristretto soffocamento dello spazio, ecco come si presenta oggi ai nostri occhi la "Violenza", un biglietto di presentazione tutt'altro che allegro, anzi, così nefasto da oscurare il sole del mattino ed impedirgli di elargire serenità col suo calore.

Sappiamo dove conduce la Violenza laddove viene elargita a piene mani e sappiamo pure dove si annida ed è covato il suo seme, ma è pur sempre "l'Essere" (o come preferisco dire l'Ego) consapevole e cosciente ad indirizzare nel suo nome le sue azioni. Ci viene allora da pensare che questo Ego, qualunque Ego esprimente violenza, sia posseduto da una forza inspiegabile volta alla distruzione, sia cioè "ammalato" nel corpo in questo caso considerato come "azione" e nell'anima qui concepita più come "pensiero".

Una strana malattia, la Violenza, simile al virus Ebola che tante vittime sta mietendo e che non si sa dove prende vita, dove si forma e perché s'accanisce con quella "Violenza" così difficile da combattere e però così tanto simile a quella "Violenza" messa in atto dall'Essere. Una "Violenza" quella del Virus inaccettabile perché compare all'improvviso senza alcun preavviso e soprattutto perché sopraggiunge dall'esterno, dal cosiddetto "fuori", e dunque non appartiene, è estranea all'Essere.

Allora se questa violenza che viene dal "fuori" è inaccettabile perché poi dovrebbe invece essere accettabile all'Essere quella che viene dal suo "dentro", dall'Essere stesso?

Il fatto è che le progressive naturali mutazioni cui è andato incontro il virus l'hanno reso ancora più forte e aggressivo, sempre più inattaccabile e perciò profondamente distruttivo e letale. Difronte a tale violenza l'Essere cerca di organizzare difese (medicinali) sempre più forti che salvaguardino la sua salute e lo immunizzano dal feroce attacco che gli viene portato salvandogli così la vita. Insomma un braccio di ferro in cui il "più forte vince".

Accade sempre così. In qualunque forma la Violenza viene espressa, c'è sempre il "forte" che prevale sul "debole" dal momento che partiamo dal presupposto che la violenza è "dentro" l'Essere, dentro ognuno di noi, e sappiamo che il forte (colui che può, che ha potere di...) non se la prende mai con un suo "simile" (forte anch'esso) ma sempre con il più debole.

Nell'ordinario non ho mai visto un uomo grande e grosso prendersela con un altro uomo robusto e forte, non ho mai visto un potere forte prendersela con un altro potere altrettanto forte (se mai si accordano fra di loro), ho visto (e lo vediamo tutti i giorni) il forte (o presunto tale) prendersela con il debole, l'indifeso e con quelli che ritiene tali, cioè le donne, i bambini ed i vecchi. Il fatto è che nello scenario interiore, nell'interiorità di ognuno di noi, abbondano scene di violenza nelle quali l'Ego vuole essere "per forza" soddisfatto e per di più vuole essere anche tutelato nella sua immagine costruita. Fortunatamente però abbondano in questa interiorità anche scene d'amore nelle quali è l'Ego che si pone in modo tale da soddisfare l'altro e tutelarlo nel senso di educarlo verso quelle espressioni che sanno di gioia, serenità e amore.

Come vedete "il doppio" e "gli opposti" imperano sempre e non è possibile eliminarli dal momento che vivono in noi, nel nostro animo, un insieme di erba verde simile ad un tappeto di prato inglese (quella che vorremmo sempre vedere apparire sulla scena) e erba maligna simile a steppa arida e secca di un deserto (quella che vorremmo non appartenesse all'umanità, non fosse incisa nel nostro patrimonio genetico, che non apparisse mai ai nostri occhi).

La Violenza è quindi dell'Essere, sta nel suo interno e in tutto ciò che crea sulla sua spinta, perciò da esso ha origine e da nessun altro né da fattori esterni nel senso che niente e nessuno può determinarla perché la sua slatentizzazione dipende esclusivamente dall'Essere e dal suo grado di consapevolezza di determinarla. Come sia possibile che un Essere consapevole possa cedere alla violenza apportatrice di distruzione rimane un qualcosa di inspiegabile ma lo stesso ragionamento potremmo fare nei riguardi dell'amore con la differenza che in questo caso l'amore dà vita e fa vivere. La scelta dell'una (la violenza) o dell'altro (l'amore) appartiene all'Individuo che tutto può nel chiarezza dell'anima, a Lui soltanto e non ad altri è affidata l'evolversi o l'involversi dell'umanità e perciò in Lui confidiamo perché tutto vada nel migliore dei modi.

La Violenza non sa che le manca qualcosa, le manca l'Amore.

LA VERA FORZA E' IL RISPETTO

Una riflessione sull'Ego impone di chiedersi perché "le manifestazioni dell'ego sono infime, si muovono in modalità di apparente rigore, giustizia ed etica" ma con l'obiettivo preciso di essere migliore di qualcun altro, di occupare un posto privilegiato a scapito di qualcun altro, di sorridere o ridere sempre mentre gli altri piangono e non hanno proprio nulla che li faccia sorridere, di mortificare subdolamente l'altro in ogni modo, insomma l'ego non si pone per niente l'obiettivo di "essere migliore di com'era".

Va preso dunque in considerazione il "cammino" materiale e spirituale di ognuno di noi partendo dal presupposto che il cammino materiale non ha il significato di soddisfare per forza l'ego in tutte le sue richieste come il cammino spirituale non ha il significato di "essere perfetti ma cercare di diventare migliore". Nel suo percorso però l'Ego è abituato male, scalpita e si lamenta sin dalla nascita e, che sia accontentato o no, ha sempre poco "rispetto" per sé e allo stesso tempo per gli altri e di conseguenza il suo cammino è destinato a incrociare gli altri e per niente ad incontrare e a comprendere gli altri. Se il terreno è cosparso di violenza, sopraffazione e odio, bisogna proprio convincersi che in queste espressioni l'ego si comporta come "un animale preistorico" che ha rifiutato l'ingentilimento emotivo e la crescita educativa che poi ha il significato di presa di coscienza dei propri passi e delle proprie scelte senza metterle nelle mani di qualche altro.

Nessun cammino, né quello materiale né quello spirituale, ha senso se non ci si sforza di migliorarlo sempre di più e in questo modo renderlo più agevole per sé e per gli altri.

Già, ma come si può migliorare questo cammino?

Messaggi sociali improntati al rispetto del sé e dell'altro nulla possono sulla slatentizzazione delle "forze del male" che appaiono dovunque disseminate sul cammino della vita e che sembrano avere sempre di più il sopravvento sulle "forze del bene".

Ora non è proprio corretto fare questo distinguo di forze in quanto "la forza" è unica ed è quel motore pieno d'energia che spinge l'individuo nel suo percorso vitale.

Il fatto però è che l'espressione di questa forza appartiene all'Ego e purtroppo ai nostri giorni (nel passato poi non è stato molto diverso) sembra rivolta sempre di più a rendere il terreno paludoso, fangoso, accidentato, arido, tempestoso, un terreno inospitale dove proprio non ci si può vivere. Se questa espressione rappresenta la civiltà di un popolo, dobbiamo allora pensare che ci troviamo difronte ad una involuzione piuttosto che ad una evoluzione dell'Ego.

Siamo però proprio sicuri che quando diciamo "evoluzione" ci riferiamo a quella positiva, del bene, e non a quella negativa, del male? Anche il male potrebbe evolvere come il bene.

Un poeta nostrano, l'ingegnere Francesco Terrone, scrive: "Attendo che crescano i fili d'erba per vedere un bel prato verde".

Ora, nel tempo che viviamo, neanche se usiamo il cannocchiale si vede questo prato verde e neppure ci sono segnali incoraggianti, anzi l'orizzonte appare sempre più fosco e buio.

Scrive ancora il poeta "Nella notte io ti sento, nel giorno io ti vedo, nel cuore io ti perdo...tu non vuoi che io viva accanto a te...nel destino noi siamo noi....

Già, il destino è nelle mani dell'Ego e dunque non ci scoraggiamo, occorrono però mani robuste che arino il terreno e tra l'erbaccia facciano fiorire quel profumo che solleva l'anima dell'Ego. Uno dei grandi segreti del momento, l'arma feconda a disposizione dell'Ego è l'Amore. "Amare con un amore speciale verso tutti e amare per primi, prendendo l'iniziativa, senza aspettare d'essere amati, amare non solo a parole, ma concretamente, a fatti e amarsi a vicenda". Tanto tempo forse s'aspetta per amare, tanti tentennamenti si hanno per amare, soffocati dalla timidezza ci si esprime male e forse si lascia perdere e l'amore vola via, non si sa dove e perde la sua "costanza" all'interno del soggetto. L'amore come l'odio pretende la condivisione nel senso di possibilità di "vivere insieme" nelle profondità di interessi e gusti. Allora forse ai tempi d'oggi più dell'amore bisognerebbe coltivare l'Amicizia, bisognerebbe avere cioè "quell'atteggiamento tipico degli amici che soddisfa il desiderio di una comunione di vita oltre che una stessa visione di vita". L'Ego infatti predilige trascorrere il tempo insieme con gli amici poiché non è nato per starsene solo soletto; anzi "la compagnia è indispensabile per realizzare la propria personalità in relazione agli altri". Nell'amico si vede "un altro me stesso", un dono gioioso di un piacere reciproco.

Ecco l'amicizia porta alla formazione di un'anima portata a soccorrere l'altro, ad abbracciare l'altro, a comprendere l'altro, ad ascoltare l'altro, insomma ti prende per mano e ti fa crescere in quell'amore che fa luce sull'odio. Sono felice, ho tanti amici e nessun adulatore, l'odio non m'appartiene.

LE NUOVE RELAZIONI

Quante tracce nella vita si seguono, unico il tema da svolgere: "Non perdersi mai, affondare pure ma non annegare".
Una rotaia interminabile, la vita.
Una ruota che cammina, corre, incontra, sosta e fugge. Due ruote che camminano insieme, per un po', poi rallentano, si fermano, si dividono, s'allontanano e percorrono strade diverse o immaginano di percorrerle.
Una strada buia, la vita. Tutta da scoprire, a volte da inventare, da cercare e ricercare, da solo o insieme, importante "non perdersi mai", vedere sempre la luce, quel lumicino che s'intravvede là, lontano, ma pur sempre raggiungibile, a volte così vicino da vederlo splendere dentro di sé al punto che tutto illumina, persone e cose. Sopraffatto il corpo da luce, l'anima da piccola diventa grande e s'incammina su tracce disegnate con intelligenza senza l'orgoglio di pensare di sapere ciò che è meglio per sé e consapevole di muoversi in modo diverso dal passato in ogni passo relazionale.
Giunta è l'ora "di imparare ad amare in modi insoliti rispetto a quelli prima esplorati, con atteggiamenti nuovi, che più si confanno all'essenza dell'amore", un nuovo modo di "amare" che permetterà di fare un salto di qualità a sé stessi e agli altri relazionanti aprendo nuovi scenari all'interno di nuovi legami.
Cade un muro, nuovi orizzonti si spalancano deprivati dal "dubbio di essere stati vittima di relazioni fallimentari o distruttive, di maltrattamenti del proprio valore, d'una usurpazione dell'ego" e più non si butterà via quella bellezza che soltanto la vita sa donare. L'amore non sa e non può ingannare e quando "prende spazio nel cuore l'inganno delle ferite emozionali" bisognerebbe prendere in considerazione la "piccolezza" dell'anima che appanna, chiude gli occhi e non

permette di vedere quanto il cuore sia inaridito difronte ad un sentimento, l'amore, che invece la può soltanto elevare, può condurre l'anima ad un livello più alto da dove osservare con chiarore sé stessi e gli altri .

Tutto un inganno la vita per un'anima piccola ristretta e relegata in un recinto ove non ne sa o non ne può uscire.

Poverina, possibile mai che non abbia in sé gli strumenti necessari per allargare questo recinto e tirare fuori quelle sue innate potenzialità?

Ci deve essere qualcosa che la impedisce, ma cosa?

Senza inganno la vita per un'anima piena della bellezza dell'amore. L'armonia dei movimenti, il suono di un tempo immobile, l'immensità d'uno spazio senza porte, il tetto d'un cielo stellato, il lento passeggiar sotto la pioggia. Per la prima volta mi sono affacciato alla finestra e ho guardato in faccia l'amore. Non è fuggito, non è andato via, passeggia con me e ci guardiamo negli occhi senza paura del domani.

Già, l'amore all'amore si dona senza timore alcuno e non arretra mai, nemmeno d'un passo, va avanti per la sua strada, sa che questa è la sua strada, quella per cui è nato. Mi sono affacciato alla finestra stamani e ho visto passare per la prima volta l'amore. Brivido, attrazione, passione, tutto un fuoco, tappe obbligate, però, che preparano all'amore.

Preparazione all'amore?

Sì, la preparazione all'amore è "un lavoro interno" che pone in risalto "l'umanità dell'altro", un lavoro per niente facile, l'amore non si sente soltanto, va vissuto e qui sorgono le difficoltà e perciò le relazioni amorose diventano conflittuali. Il fatto è che ci viene più facile o forse siamo più preparati a quel lavoro interno che "elimina l'umanità dell'altro", un lavoro che vede prevalere quell'anima piccola che se ne frega dell'altro.

Ecco allora che siamo più preparati alla violenza che all'amore, siamo più portati alla "reificazione", a rendere l'altro un oggetto, un simbolo da distruggere piuttosto che considerare l'altro come un soggetto, una persona unica con i suoi pregi e i suoi difetti. L'amore è prima di tutto "un riparo", una base sicura, la stessa base avvertita un tempo fra le braccia della madre e ora rivissuta nella possibilità di un progetto insieme.

Tutto è vanificato se l'altro è "negato, reso una cosa (quanti di noi considerano l'altro un possesso?), svuotato" per la prevalenza nell'interno di "una minaccia " continua, di un pericolo continuo che non permette all'amore di sorgere.

Fortuna vuole che l'amore non si ferma al primo ostacolo, accetta di esporsi e di andare oltre, represso insorge e diventa ancora più forte, ha la bava alla bocca ma continua a correre, davanti ha un orizzonte nuovo. Per fortuna....

LA VIOLENZA T'APPARTIENE

La progressiva morte dell'essere, il perverso grigiore della mente, l'accanimento involutivo del comportamento, l'insipiente significato del tempo, l'oscuramento barbarico del cuore, il ristretto soffocamento dello spazio, ecco come si presenta oggi ai nostri occhi la "Violenza", un biglietto di presentazione tutt'altro che allegro, anzi, così nefasto da oscurare il sole del mattino ed impedirgli di elargire serenità col suo calore.

Sappiamo dove conduce la Violenza laddove viene elargita a piene mani e sappiamo pure dove si annida ed è covato il suo seme, ma è pur sempre "l'Essere" (o come preferisco dire l'Ego) consapevole e cosciente ad indirizzare nel suo nome le sue azioni.

Ci viene allora da pensare che questo Ego, qualunque Ego esprimente violenza, sia posseduto da una forza inspiegabile volta alla distruzione, sia cioè "ammalato" nel corpo in questo caso considerato come "azione" e nell'anima qui concepita più come "pensiero".

Una strana malattia, la Violenza, simile al virus Ebola che tante vittime sta mietendo e che non si sa dove prende vita, dove si forma e perché s'accanisce con quella "Violenza" così difficile da combattere e però così tanto simile a quella "Violenza" messa in atto dall'Essere.   Una "Violenza" quella del Virus inaccettabile perché compare all'improvviso senza alcun preavviso e soprattutto perché sopraggiunge dall'esterno, dal cosiddetto "fuori", e dunque non appartiene, è estranea all'Essere.

Allora se questa violenza che viene dal "fuori" è inaccettabile perché poi dovrebbe invece essere accettabile all'Essere quella che viene dal suo "dentro", dall'Essere stesso?

Il fatto è che le progressive naturali mutazioni cui è andato incontro il virus l'hanno reso ancora più forte e aggressivo, sempre più inattaccabile e perciò profondamente distruttivo e letale. Difronte a tale violenza l'Essere cerca di organizzare difese (medicinali) sempre più forti che salvaguardino la sua salute e lo immunizzano dal feroce attacco che gli viene portato salvandogli così la vita. Insomma un braccio di ferro in cui il "più forte vince".

Accade sempre così.

In qualunque forma la Violenza viene espressa, c'è sempre il "forte" che prevale sul "debole" dal momento che partiamo dal presupposto che la violenza è "dentro" l'Essere, dentro ognuno di noi, e sappiamo che il forte (colui che può, che ha potere di...) non se la prende mai con un suo "simile" (forte anch'esso) ma sempre con il più debole. Nell'ordinario non ho mai visto un uomo grande e grosso prendersela con un altro uomo robusto e forte, non ho mai visto un potere forte prendersela con un altro potere altrettanto forte (se mai si accordano fra di loro), ho visto (e lo vediamo tutti i giorni) il forte (o presunto tale) prendersela con il debole, l'indifeso e con quelli che ritiene tali, cioè le donne, i bambini ed i vecchi.

Il fatto è che nello scenario interiore, nell'interiorità di ognuno di noi, abbondano scene di violenza nelle quali l'Ego vuole essere "per forza" soddisfatto e per di più vuole essere anche tutelato nella sua immagine costruita.

Fortunatamente però abbondano in questa interiorità anche scene d'amore nelle quali è l'Ego che si pone in modo tale da soddisfare l'altro e tutelarlo nel senso di educarlo verso quelle espressioni che sanno di gioia, serenità e amore.

Come vedete "il doppio" e "gli opposti" imperano sempre e non è possibile eliminarli dal momento che vivono in noi, nel nostro animo, un insieme di erba verde simile ad un tappeto di prato inglese (quella che vorremmo sempre vedere apparire sulla scena) e erba maligna simile a steppa arida e secca di un deserto (quella che vorremmo non appartenesse all'umanità, non fosse incisa nel nostro patrimonio genetico, che non apparisse mai ai nostri occhi).

La Violenza è quindi dell'Essere, sta nel suo interno e in tutto ciò che crea sulla sua spinta, perciò da esso ha origine e da nessun altro né da fattori esterni nel senso che niente e nessuno può determinarla perché la sua slatentizzazione dipende esclusivamente dall'Essere e dal suo grado di consapevolezza nel determinarla. Come sia possibile che un Essere consapevole possa cedere alla violenza apportatrice di distruzione rimane un qualcosa di inspiegabile ma lo stesso ragionamento potremmo fare nei riguardi dell'amore con la differenza che in questo caso l'amore dà vita e fa vivere.

La scelta dell'una (la violenza) o dell'altro (l'amore) appartiene all'Individuo che tutto può nella chiarezza dell'anima, a Lui soltanto e non ad altri è affidata l'evolversi o l'involversi dell'umanità e perciò in Lui confidiamo perché tutto vada nel migliore dei modi.

La Violenza non sa che le mancherà sempre qualcosa, avrà a che fare sempre con il suo opposto e soprattutto le mancherà l'Amore e con l'amore le mancherà la Vita perché niente e nessuno saprà mai dargliela come l'Amore.

Solo con l'Amore si vive felice e contenti per terminare come una fiaba a lieto fine...E vissero tutti felici e contenti.

AMOR
IN VERSI

L'AMORE

Un'altra vita
un altro amore
chissà dove
chissà quando
domande e tanti dubbi
di una ricerca continua
al di la' dell'anima,
inutile affanno
solitudine paurosa,
l'amore vero al di qua
il tuo mescolato al mio
e niente importa
né i giorni che vedrà
né le notti che sognerà
dentro con lui solo te
e con te il sole
che il cuore riscalda
e linfa vitale fa scorrere
nel sogno più reale.
Tutto ogni cosa passa
s'alternano giorni e notte
l'amore quello vero no
sta fermo nell'unicità
a guardar gli altri
che via fuggono
nello scoccar delle ore.

SENZA TE

Senza te... senza te
il cielo perde il suo colore
e il mare il suo luccichio,
senza te cadono le foglie
e un manto copre l'anima,
senza te un grigio stridore
assale e non dà pace,
senza te nulla possono
le primavere in fiore,
l'amor sfiorisce pian piano
e non accarezza la vita,
senza te non gira il mondo,
si ferma la giostra
a guardar l'orizzonte
e là c'è il tuo volto
ad aprire la vita al sole.

DONNA

Voglio vederti sempre
sorridere per amore
perché sapessi
quanta amarezza
mi dà veder
il tuo bel volto
tracciato da lacrime.
Lo so, un urlo,
un urlo d'amore
son quelle lacrime,
ma il fatto è
che vivo,
vivo tanto
quando tu sei felice
e una poesia
ascolto nell'anima
che mi parla
del tuo esser donna.
La mia...donna.

SORRISO

Apre il mattino
la sua porta,
svanisce il sogno
nell'aprir dell'anima
ma io continuo
a vedere solo te
nel giardino seduta
qual corolla aperta
al sorriso d'amore.
Bussa la notte buia,
sull'uscio aspetta
invano d'entrar,
giammai s'affievolisce
la luce d'amor,
più e più risplenderà
il mattino senza posa
col suo dolce canto
a te intonato.

VOGLIO VIVERTI ADESSO

Voglio viverti adesso
non un giorno che sarà,
non voglio più sognarti,
intorno a te gira la vita
e non voglio fermarla
ora che tu sei l'unica
sua eterna ragione.
Voglio viverti adesso,
darti tutto quell'amore
che mai ho dato mai
ad alcuna donna mai,
darti quel calore d'estate
che mai cuore ha mai
così riscaldato mai.
Voglio viverti adesso,
sentire il soffio della tua voce
accarezzare la mia anima
e farla volare
sul mondo che dorme.
Voglio viverti adesso,
respirare quell'atmosfera
bruciante di passione
che tu solo sai creare
e là abbandonarmi

fra le tue braccia avvolto.
Voglio viverti adesso
e non lasciarti mai più,
il mio posto è accanto
a te ed all'amore.

SUONI

Faville di suoni
emoziona
e vedo la tua mano
di nuvola bianca
che prende il cuore
e lo fa pulsare
libero e felice
nello spazio
senza tempo.
Voglio amarti così,
insieme nel nulla,
un volo
sulle ali dell'amore
e nel rossore
di un orizzonte
che non s'eclissa
agli occhi amanti.
Voglio amarti così,
nella girandola
dei sensi
che ovunque guardano
vedono solo Te.
Voglio amarti...

PIENEZZA

Pienezza di solitudine
che cerca la tua,
pienezza di vita
che sprizza energia,
pienezza d'amore
che accoglie il tuo,
pienezza...pienezza,
esser completo
e non aver bisogno
di nient'altro,
mi sbaglio...forse...
ho sempre forte
il desideroso bisogno
di te e del tuo amore
per sentirmi...
finalmente intero.

FEMMINIL SUSSULTO

A me solo arriva
carico d'amore
il tuo femminile sussulto,
agli altri no
che l'alito aspettano
invano uscir
dalla bocca tua.
Vento sì caldo
mai spirò
ad arroventar
dell'anima il deserto
e pioggia di fuoco
mai giù scese
ad incendiar
del bosco gli arbusti.
A me solo arrivano
a notte inoltrata
le tue lacrime d'amore,
sul cuscino inzuppato
poggio la testa
e affondar sembra
in un lago d'amore
ove sognar
di vivere il giorno.
A me solo arrivi tu
e con te...l'amore.

REGALO

Mi hai regalato l'infinito,
una dimensione nuova,
volo e non so perché,
fuori dai confini stretti
della mente son felice,
libero dal possesso
di un corpo inquieto
che or cammina allegro.
Mi hai regalato l'amore,
per la prima volta avverto
il sapore della nascita
di un nuovo me che vede
la luce nella nebbia del buio
e mi stupisco di me
per quella bellezza
conosciuta troppo tardi.
Mi hai regalato la profondità
e la' assieme alla mia
ho visto la tua anima
e l'ho amata più della mia
che or vive nell'eternità
di un amore senza fine.

BACI APPASSIONATI

Nell'antro d'amore s'immerge
il desiderio e di passione
ardono le labbra tumide,
sei tutta mia, sono tutto tuo
e nel brivido dell'emozione
che stordisce solo con te
provo la felicità dell'amore.
Sveglio il pensiero saltella
all'emozione abbracciato,
a te dolcemente s'attacca,
ti sente tutta tutta sua,
scende nei prati dell'anima
e s'arricchisce d'un amore
che non ha proprio eguali.
Or un chiarore si diffonde,
un manto di neve bianca
copre due cuori amanti
ma che strano!! l'amore
il gelido freddo allontana
e l'uno accanto all'altra
sempre vivranno gli amanti
nel calore di ardenti baci.

RESPIRAR IL TEMPO

Il tramonto tinge il giorno
e l'emozione di te
anche ad occhi chiusi
rimane ancorata all'anima
e non mi fa prendere sonno.
Immagini di te, del tuo amore,
una dietro l'altra m'appaiono
e mi trasportano lontano
in un mondo dove c'è vita.
Là capisco che la mia vita
è tutta in quel tuo sorriso
e in quegli occhi luminosi
che si perdono nei miei.
Là capisco che viverti
è il desidero nascosto
d'un tempo senza respiro
che s'affannava a cercarti.
Là sento il mio corpo
vivere nel respiro dell'anima
e vedo l'infinito avvicinarsi
nei caldi sussurri d'amore.
Là la vita non finisce mai,
là i sogni non svaniscono mai,
là due cuori s'incontrano sempre,
là si vola alto sempre

sulle bianche ali dell'amore.
Mi sveglio, apro gli occhi
e mi perdo nell'attrazione
di una luce che s'accende
e di un'altra che si spegne,
nel fruscio assordante del corpo
che si allontana dall'anima,
nell'impero della sofferenza
per la viltà cieca dell'amore,
in quel gioco infantile
che dell'amore coglie solo il sapore,
e mi perdo in un altro mondo
che pur vive in lontananza
e dove tu non ci sei,
proprio non ti vedo,
non esisti nel respiro del tempo
e forse neanche io esisto
se percepisco la solitudine
nel respirare un amore,
unico e indivisibile,
compresso in un dentro e un fuori,
in due mondi così diversi
che lo soffocano e non lo fanno vivere.
E io voglio viverlo...tutto per intero
e assieme al tempo voglio vivere
TE.

GIORNI FELICI

Amor che a guardar l'onda
immobile stai sullo scoglio,
dai, svegliati e un tuffo fai
nelle acque d'azzurro tinte
e non aver paura d'annegare
tra le braccia di chi corre
con slancio ad abbracciar
e con ardore l'ugual desiderio.

Donna prima d'esser trina
a te l'amor lo sguardo volge
e sul tuo seno il capo pone
ad ascoltare quel battito
di vita che non ha senso
prima d'incontrar quella rosa
che i suoi petali dischiude
ai baci di una rugiada d'amore.

Felicità esci fuori dall'ombra
ove triste te ne stai rannicchiata
e non aver paura di mostrarti
in quegli occhi che s'accendono
solo davanti a colei che sta là
in silenzio da tempo ad aspettare
quel raggio di sole che illumini
a festa il cielo della sua anima.

Dietro l'angolo si cela l'amore,
invisibile lo si può solo immaginare,
ma si può svoltare e guardarlo,
la realtà supera ogni fantasia,
la felicità di una vita sta lì
in quel incontro con l'amore
e lì inizia anche una nuova vita
con due cuori che si amano.

TUO IL SILENZIO...

Tuo il silenzio nel profondo
scende e sento l'urlo di donna
che brama la vita e l'amore
senza sosta nell'infinito.
Tuo il tempo nel profondo
s'arresta e par di cadere
in quella zona d'ombra
dove il tempo non c'è più.
Tuo l'amore nel profondo
si' possente da sembrar
fiume in piena desideroso
d'abbracciare in fretta il mare.
Tuo lo spazio nel profondo
tutto si riempie d'amore
e nulla più può contenere
se non il corpo e l'anima tua.
Tua la vita nel profondo
si confonde e s'intreccia
e qual edera avvinta in alto
s'eleva a toccar le stelle.
Tuo tuo ogni cosa che vive.

VOGLIO...TE

Voglio tenerti stretta
e percepire la gioia
di due corpi fusi,
voglio sentire il respiro
di una sola anima
e l'ululato di un lupo
nel gelo della notte,
voglio avvertire
l'elettricità d'un fulmine,
ascoltare forte
il tuono del tuo alito
ad ogni passo di vita,
voglio che l'amor
non si riposi
e senza tregua
segua le tue orme
per non perdersi
nemmeno un attimo
del senso della vita,
voglio viverti
senza nulla chiedere,
non lo vuole l'amor
che nulla chiede
al giorno e alla notte.
Voglio...Te.

MORIR D'AMORE

Ti vogliono...
il sole e la luna,
giorno e notte...
ansimano per te
ma il desiderio...
verso uno si dirige
e quando dell'amor
le sembianze prende,
ecco quello è tutto mio,
m'accarezza dolce
nel profondo dell'anima,
mi stordisce
e vedo solo il tuo viso
tra gente anonima
e forte sento
il tuo nome risuonar
nel profumo di fiori.
Ti voglio...per non morire.

A NONNA ANNA
nel giorno dei suoi NOVANTA ANNI

Novanta anni son pochi

per una donna selvaggia

che sa di dovere ancora

alla vita quella saggezza

delle favole d'un tempo.

Novanta anni son pochi

per una donna guerriera

che ancora vuol lottare

con la vigoria d'uno spirito

in un corpo senza età.

Novanta anni son pochi

per una donna leggiadra

che profumo di seduzione

spira forte nell'aria cheta

ad ogni parola che pronuncia.

Novanta anni son pochi

per una donna elegante

che portamento ha di dea

e ognuno con inchino

saluta ad ogni suo passo.

Novanta anni son pochi

per te cara mamma e nonna

perché figli e nipoti tutti

di te han sempre bisogno

ora e come sempre.

30.11.2013

CIELO STELLATO

Scendere pare
dal cielo stellato
il tuo amore,
una fine pioggerella
che il giorno innaffia
e più bello fa.
Scende col respiro
dolcezza infinita
e nulla al mondo
v'è di più bello
che la vita fa guardar
col roseo d'aurora.
Tutto trasforma
il tuo amore,
come per magia
svegliar fa dal sonno
e camminar sui fiori
nel profumo d'oriente.
Or sento nell'anima
quel tintinnio
di campanelli in festa
sei entrata tu
il tuo dolce amore
a rallegrar la mia vita.
Con te il cielo
è sempre stellato.

VITA MIA

Inutile scorre il tempo
eppur guardo le ore
coi tuoi occhi chiari
e sento la tua voce
che mi porta diritto
diritto verso l'amore.
Profumato or il tempo
eppur lontano guardo
i tuoi occhi chiari
dipinti nell'orizzonte
e vertigine d'emozione
forte forte m'afferra
che cader mi fa
nelle protese tue braccia.
Tanto tanto t'amo
e con te amo la vita
che ad ogni alba
fa spuntare il sorriso
e inabissare mi fa
nella luce del giorno.

A TE CHE AMI

BUON ANNO 2015

Specchiarsi e vedere te,
le tue labbra aprirsi
e dire al tuo corpo
di muoversi, scongelarsi
e qual fresca puledra
far nitrire i sentimenti
e sciogliere quei nastri
che legano l'anima.
Specchiarsi e vedere te,
una radura aperta al cielo,
piena di grano giallo
che alimenta il desiderio
di correre a perdifiato
là dove sorge il sole
a chiudere due vite
in una stanza senza tetto.
Specchiarsi e vedere te,
l'amore che dà vita
nel giorno sempre nuovo,
in un anno sempre nuovo
che non ha voglia d'iniziare
ma fermarsi per vivere

ancora all'infinito la felicità
di aver incontrato te e l'amore.
Viene allora l'anno 2014
che simile ai precedenti
vedrà nel magico specchio
l'immagine vera dell'amore,
sai somiglia tanto alla tua,
a quel tuo dolce sorriso,
a quella tua pazienza
che m'affianca e cammina
felice sulla mia stessa via
senza mai stancarsi.
Auguri di Buon Anno 2014
che ci vedrà sempre insieme.

VITA

Amo la vita e il suo sogno,
il profumo d'una fresia,
il fruscio d'un sussurro,
la spumeggiante passione
tra le pieghe dell'anima,
la seduzione lenta dell'onda
e l'ubriacatura dei sensi
che trasporta il desiderio
nel sonoro rimbombo d'urla
riecheggianti la dolcezza
d'amore in un volo di rondini.
Amo il genuino candore
dell'emozione nascosta
dal rossore sparso sul viso
e lo sfinimento d'un giorno
passato senza un sorriso,
la paura della felicità
che va via senza un perché
e il soffio leggero d'un respiro
che inaspettato ti coglie,
la melodia di un canto
che stordisce e toglie il fiato.
Amo te e la vita che mi dai.

DESIDERIO

All'aquilone somiglia il desiderio,
in un attimo appena s'impenna,
corre su filo sottilissimo legato
e vola nel libero respiro dell'anima
dal caldo vento in alto sospinto
per fuggir dai bassifondi della vita.
All'orizzonte lontano il desiderio va
vestendosi coi colori dell'arcobaleno
e mille coriandoli sparge nell'aria
ad allietar le maschere in sogno
che vanno avvolte dalla nebbia
e d'incanto nel sereno appaiono.
Si mescola all'amor il desiderio,
pian piano s'abbassa l'aquilone,
giù scende felice dall'aureo trono
e termina la sua corsa alfine
tra le braccia protese in volo
di chi non vuole più aspettare.
Or più alto ancora vola il desiderio,
tra tante maschere ha sentito forte
te e il tuo immenso desiderio
d'amare la vita col dolce sapore
sulle labbra di baci che sanno
tanto di cioccolata e di fresie.
Mio e tuo per sempre il desiderio.

EMOZIONE UNICA

Bionde chiome appaiono
e il sole sembra sorridere
al giorno che lento esce
dal letargo della notte
e al davanzale s'affaccia
della vita per i tuoi occhi.
Oh! dolce sirena che tenti
i desideri e li fai emergere
dal cuore pieno di fiamme,
non t'allontanar dall'estasi
di un vento che forte fischia
nell'anima frizzante d'amore.
Or ogni cosa più bella pare
e primavera intorno sparge
fiori d'ogni colore e profumo
e su in alto l'incenso sale
a ringraziare quel dì gioioso
che s'è riempito dei tuoi vagiti.
Or per me brillano gli occhi tuoi
e felici corrono sul verde prato
ad abbracciare quel sogno
che volava per tanto tempo
invano senza mai fermarsi
prima d'incontrare l'amore.
Or che stretta ti tengo a me
sento d'aver incontrato l'amore.

CHIMERA

Luci abbaglianti
che pian piano
s'affievoliscono,
una chimera l'amore,
l'hai tra le mani
e un attimo dopo
silenzioso scompare
e triste l'anima
lascia nel buio
della solitudine.
Un contatto chiedo,
stammi vicino,
non importa
se non corri in volo
tra le rondini
e non hai lo slancio
che ti porta a me,
esisti per me
nella mente e nel cuore
e questo conta.
Una chimera l'amore,
forse ma non il mio
che vive per te.

BACI...

Baci che corrono
uno dietro l'altro,
baci d'amore
che scacciano
la tristezza
d'un cuore
solo,
affamato
dell'immensità
di un amore infinito.
Baci che vanno
e vengono
senza pietà
né vergogna
delle nudità
cieche dell'amore
e dell'eutanasia
lanciata
nel vuoto
della solitudine.
Baci che vivono
e fan vivere,
coriandoli impazziti
d'un carnevale

senza fine
nell'infinito gioco
della vita,
baci che non possono
allontanar
lo spettro freddo
di una fiamma,
baci che saziano
la voglia
senza tempo
di un amore
senza spazio.
I miei baci che corrono
ad incontrar i tuoi
e le tue labbra
che aspattano
d'incontrar le mie.

POTRÒ MAI...

Potrò mai...
non guardare i tuoi occhi
se là è racchiusa
la bellezza della vita,
potrò mai...
fare a meno delle tue labbra
se soffio vitale
entra in me con i tuoi baci,
potrò mai...
lasciar andare via
il calore
delle tue carezze
se ad ogni mio passo
m'avvolge e protegge
dal gelo della vita,
sì, sì, mai e poi mai
finirò d'amarti
e i miei giorni si consumeranno
con te accanto
e nelle mie mani il tuo cuore
che piange a volte
ma è tanto tanto felice.
Voglio te donna amante
e il tuo amore.

CON TE...L'AMORE

Senza te...il nulla
vedono gli occhi,
il nulla riflette
lo specchio della vita
e il fuoco che pur divampa
s'alza invano ad illuminar
il buio della sera.
Senza te...la tristezza
non va via,
i sogni di notte annaspano
affannosi e manca
quella fresca arietta mattutina
che da' sapore
al giorno che sorge.
Con te...l'amore
mi prende per mano,
mi fa danzare
sull'onda spumeggiante
e mi fa arrampicar
su quel profumo che mi porta
a toccar l'azzurro cielo.
Con te...tutto è più bello
assai,
tutt'altro fascino
acquista la vita,

senza maschera
l'amor si fa vivo
e coriandoli pieni di baci
fa volar.
Senza di te...il nulla,
con te l'Amore.

CORPO E ANIMA

Nel sogno t'ho chiamata
"amore" quando sei apparsa
e tu muta non hai risposto
al richiamo dei sensi accesi.
Silenziosa e fredda sei stata
eppur dicevo d'amarti tanto
e io che sentivo il tuo amore
non capivo ma non importa.
Stanotte di nuovo t'ho rivista
splender nel sole a primavera
e t'ho dolcemente chiamata
"amore" con la forza dell'anima.
Stavolta hai risposto subito
e sei entrata nel mio mondo
dalla porta principale dell'anima
per non uscirne proprio più.
Or felice voli nella mia anima
e mi prendi sulle tue ali dorate
per portarmi nel tuo cuore
a conoscer il vero amore.
Ora so d'amare, so d'amarti,
meglio lo sento e tanto basta.

SOLE D'AMORE

Sole che lassù splendi
raccogli i miei giorni felici
e della felicità gli attimi
del palpitar forte del cuore
e tienili per quel giorno
in cui salirò sui tuoi raggi
per scendere sol da colei
che l'amore mai lascerà
uscire dal cuore e caldo
lo sentirà sempre nelle ossa.
Sole continua imperterrito
ad infuocare i miei giorni,
non curarti del sogno d'una notte
ché lei proprio sogno non è
e non sentir d'amor mancanza
ché la pelle di carezze scotta
e sul corpo il fuoco delle mani
impresso ha segno d'amore.
Sole non ti curar dell'ombra
ché l'amor non ne ha,
chiaro splendore diffonde
e sai, ti somiglia molto
se anche di notte col buio
coro di lucciole diffonde
a cantar un amor senza eguale.
Oh! Sole mio t'amo senza fine.

PETALS OF LOVE

Petali di rosa volteggiano
nell'aria vuota del mattino
e io felice dormo pensando
a te e alle tue labbra
che sfiorano le mie
mentre forte arriva
il profumo dell'amore
che i sensi mi fa perdere.
Primavera in fiore il tuo amore,
un'emozione continua
che apre la vita sull'infinito
e nulla più spira il desiderio
se non di viverla con te
nello sventolare rumoroso
d'un ramoscello d'ulivo.
S'anima per te il giorno
e non muore mai,
si apre l'anima mia,
scorre in me il tuo amore,
un torrente in piena
che trascina i miei passi
e li conduce a te.
T'abbraccio e respiro.

ORA HO TE

Avrei dovuto dirti tante cose
nascoste com'erano nel profondo
ma non sapevo parlar d'amore,
non l'avevo mai conosciuto.
Avrei dovuto parlarti di me
ma non sapevo cosa dirti
caduto com'ero nel vuoto
di una bellezza senza senso.
Devo ancora dirti tante cose
uscite come sono dal sonno
ma non è più tempo di parlar
d'amore ma tempo di viverlo.
Devo ancora parlarti di me,
di una primavera dal profumo
delicato di bianche fresie
che s'immerge nel calore estivo.
Avrei...devo...ora ho te
che parli d'amore ed io sento
quella passione d'amore
che non si esaurisce mai.

ALBA SENZA TRAMONTO

Il mondo fra le mani m'hai messo
ora che t'ho sentita mia e la vita
sì bella che dal torpore mi svegliai
e tra sospiri d'amore e tormenti
la via guadagnai che all'amor porta.
Via d'uscita allora non cercai
né potevo ché la felicità suonava
e l'amor fischiava più del vento
a scriver versi per te che volavi
con tenacia al pensiero avvinta.
Su di una foglia leggera atterravi
sul mio cuore per parlar d'amore
e io in quel silenzio immerso
t'ascoltavo col candore d'un bimbo
che pende dalle labbra della mamma.
Il passato scrivo ma come posso!!??
Tu sei il presente che mai finisce,
sei l'alba che mai incontra il tramonto,
la luce sei che mai affonda nel buio,
un arcobaleno sei che s'affaccia
sulla mia vita e mai se ne va.
Sei...sei...il mio unico amore.

DIPINTO D'AMORE

Baci le sue calde labbra
e senti il sapore della vita
in quella donna desiderata
che tieni tra le braccia
e così t'immergi nel lago
di quegli occhi verde chiari
per respirar quel profumo
d'erba bagnata a primavera.
Il desiderio forte t'afferra
di mai separarti da lei,
da quel sublime piacere
caduto dall'azzurro
che' quando accade
senti che s'arresta la vita
e nulla ha più senso
se lei non c'è accanto.
Il corpo dipinto ha d'amor
e, quando lo baci, magnifica
l'emozione prende vita
e ti fa sentire un re
che incorona la sua regina,
un cavaliere che s'arrampica
sin sulla torre per rapir
la sua bella principessa.

Corpo e anima m'hai donato
e di più non potevi
che' di corpo e d'anima
si veste l'amore
e sai, e' quel vestito
che più mi piace, amore mio.

RESPIRO AMORE

Stamani piacer m'ha fatto
ascoltar il fresco sussurro
d'un venticello a primavera,
sentirlo fischiare allegria
nell'attraversar il mio corpo
e di dolcezza coprir l'anima.
D'istinto ho preso la tua mano
e una dietro l'altra emozioni
quel venticello trasportava
che passavano da te a me
e giungevano sino al cuore.
Parlavano d'amore...e ora
che non sei accanto a me,
ancor le odo fresche e belle
a dissetar la voglia mia di te
e di quell'aria fresca d'amore.
Si mescola al mio il tuo respiro,
su e giù va nel chiuso d'una bolla,
frizzante entra ed esce a suo piacer
e nelle narici un profumo lascia
che mai si disperde e va via.
Corrono sul respiro i tuoi baci,
mi soffocano sino a stordirmi
ma danno un piacere intenso,

fanno vivere la voglia ardente
di non perdere proprio nulla di te.
Ora e nei giorni che saranno...
vivrò per e nel tuo respiro
e nell'aria che respirerò
ci sarà sempre il tuo profumo.

AMO...

Amo il calore dell'estate
sulle tue labbra,
il respirar del vento africano
sul tuo seno,
il profumar di bianche fresie
sul tuo corpo,
l'agitar silente di verdi foglie
nelle tue emozioni,
l'incantesimo d'un bacio furtivo
nei tuoi occhi,
il sospirar dei sensi accesi
nelle tue carezze,
amo...amo...amo
la tua fame insaziabile
d'amore.

Hai catturato un cuore fuggente
che vagava sotto la luce di stelle
per illuminare il buio dell'anima
e gli hai donato il mistero d'amore.
Ti amerò per sempre dolce luce
che negli occhi fai apparir la vita
e quel fiume che scende da lassù
ad estinguere il desiderio d'amore.
Un fruscio d'uno sciame d'api,
la tua voce s'insinua nella mente
e un sussurro d'amore sento
nel silenzio quieto della mia stanza.
Ci sei tu ovunque volge lo sguardo
e mi fermo a mirar le movenze tue,
di una gatta che danza sul corpo
e vibrar lo fa d'un piacere infinito.
Annegar m'è dolce nel tuo amore,
di questa delizia privar non posso,
uguale al mondo non v'è proprio
e sempre mi perderò fra le tue braccia.
Ti voglio...ti voglio eterna Creatura
perché lo spirito mio in alto porti
ad incontrar il celestiale Amore,
là dove il Vero si svela e tace.

A DON MARIO VASSALLUZZO

D'azzurro vestita va la Madonna
nel dì di festa a guadagnar il trono
sull'eremo lassù in alto sul monte
e sorrisi dal profumo di fior diffonde
per le vie di Rocca e giù per la valle.
Un sacerdote, don Mario, il popolo
con la sua radio a raccolta chiama
e tutti accorrono con la gioia dipinta
sui visi segnati e con il cuor felice
di portar sulle spalle quel dolce peso.
E lo sguardo mio si perde lassù
in alto a mirar ragazzi d'un tempo
spensierati correre su per i pendii
d'allegria animati e voglia di vivere
all'ombra dell'amicizia e dell'amore.
Slancio giovanile la ribalta infonde,
si forgiano le coscienze e si cresce,
nulla spaventa, si lotta e si vince
perché il condottiero e' lì davanti
e la storia detta con ferma mano.
Piange il popolo al cader dell'Uomo
ma non dispera che' lo vede lassù
alla finestra dell'eremo roccioso
giorno e notte a guardar dall'alto
ad uno a uno tutti i figli suoi diletti.

TUONO

Or che di tempo
n'è passato
ancor sento
quel fulmine
che ha illuminato
a festa
il cielo della mia vita
e un solco
profondo
ha scavato
nel terreno incolto
delle mie emozioni.
Or che di tempo
n'è passato
oltre quel fulmine
un tuono che scoppia
ogni giorno
forte
e più di prima
ti sento
vivere in me.
Senza tempo
senza spazio
sempre di più

nel firmamento dell'anima
una stella lucente
giorno e notte
una meravigliosa
Emozione...

ONDA

Inzuppato d'amore
l'onda spaventosa
attraverso
insieme a te
e posso vedere
al di là del deserto
il mare della vita
e respirare
il suo silenzio.

TEMPO

È tempo di dirti
quanto t'amo
e scriverlo
ad inchiostro indelebile
sul rossore tenue
d'un tramonto.
Puoi leggerlo
se vuoi
nella luce forte
dell'anima
ma senza freni
vivilo
finché puoi.

Amanti
due corpi
una sola anima
un solo respiro
un gonfiore
che scoppia nel petto
e tu che ti perdi
dentro di me
nel cercar l'amore.
Amanti
che vivono
al chiaror della luna
e al sole volgono
i desideri
e tu che t'accendi
di felicità
al contatto d'amore.
Amante
ti voglio sempre
che' sai parlar
d'amore
al cuore e alla mente.

NUDITÀ

Anima vestita
sappi che la vita
a te appartiene
e la mia anima,
nell'incontrar la tua,
nuda ha terminato
la sua corsa
e or vive
nell'abbracciar
nudità d'amore.

FELICITÀ

Tra le foglie del pensiero
lo spirar della felicità
che scioglie la vita
e sorprende il giorno
immerso ancor nell'alba
bollente di passione.
Sulle nuvole adagiato
l'occhiolino alla luna
fa l'amor
prima di quel sussurro
che sulla terra lo porta
e lo fa tremare.
Or l'infinito s'avvicina
e nell'abbracciar
prende forma l'amore
che l'animo riempie
e le sembianze tue assume
che fanno vivere.
Finalmente... la felicità.

VOGLIO...AMARTI

Voglio amarti,
non voglio rubare
attimi fuggenti
che prendono la vita
e la lasciano libera
di volare sulle nuvole.
Voglio amarti,
non voglio sentire
il calore infuocare la pelle
e spegnersi nel gelo
che scende pian piano
quando t'allontani.
Voglio amarti,
non voglio che evapori
il tuo profumo
dentro quel vortice
di passione che ci stringe
in un abbraccio senza fine.
Voglio amarti, non perderti.

SENZA FINE...L'AMORE

Da lontano arriva
il profumo d'erba
bagnata di rugiada
e quel ch'è rimasto
dell'eternità ha sede
nel profondo tuo amore.
Per te, solo per amore,
la fuggente bellezza
d'un senso ignoto
s'è fermata alfine
nel cuore d'un sognatore
errante per i campi
assolati della vita.
Assaporar fa la vita
quel maturo frutto d'amor
che gentile arriva
dal tuo cuore in fiamme
e la notte fa chiara
col giorno che sorge.
Un timoniere mi sento
che la sua nave ha portato
nella quiete di quel porto
ove s'afferra la vita
e la si tiene stretta

per non lasciarla fuggire.
Negli occhi il sole brilla,
l'azzurro ondulante del mare
tinge la pelle dorata
e io me ne sto a guardare
il libero volo d'un gabbiano
che va verso l'amore.
Vivo solo se ci sei tu
nel sogno del pensiero,
vivo solo se ci sei tu
nella luce del mattino
che timido s'affaccia
ad illuminare il tuo viso.
Voglio però vivere l'amore
se sparge profumi in fiore,
mi pento d'amare
se la via corona di spine,
ma l'amore parla
soltanto col cuore e nulla più.
Senza fine l'amore mio,
per te vivo, con te m'addormento,
in ogni attimo di vita
ci sei tu a scatenare l'emozione,
profonda, eterna, custodita nell'anima
e accarezzata...senza fine.
Cala il sipario sulla vita,
finisce il sogno alfine,

con te inizia il nuovo giorno
e nulla importa più del domani,
senza fine l'amore mio
bacerà le tue labbra.

VOGLIO

Voglio affianco
un corpo che vive,
ne ho uno morto.
Voglio affianco
un corpo che fa vivere,
ne ho uno
che muore con me.
Voglio vivere
e sento di morire,
lentamente,
attaccato ad un'ombra
che cammina
senza sapere dove.
Voglio tirare
i remi in barca
e m'accorgo
del buio di un vuoto
che s'accende
solo se ci sei tu
a spezzare il corso
di una natura matrigna.
Voglio un cielo azzurro
e incontro tempesta,
nuvola zeppa di pioggia

che scende giù
a ricordare
il nero colore della vita.
Eppur ci sei tu...sempre.

SOGNO

Dalla luna son cullati i sogni,
sereni se ne stanno e lucenti
sin quando non cadono quaggiù
e io che li guardo scendere
dico loro di fermarsi un po'
e di non avere proprio fretta.
Qualche sogno mi ascolta,
al volo catturato viene dal sole
e io che li guardo negli occhi
m'accorgo che respirano,
sì or solo penso che vivano,
i sogni hanno i piedi, non le ali.
E il mio sogno vive gioioso
tra le braccia dell'infinito.

SOLO PER TE

Solo per te il sole negli occhi
riflette quel sorriso sulla vita
che giammai fa finire il giorno
e lo tiene immerso nell'amore.

Solo per te il volo d'un pettirosso
disegna cuoricini nell'aria
e li affida al caldo vento del sogno
per toccare sponde lontanissime.

Solo per te val la pena respirare
l'aria frizzante d'un castagno
che una pioggerella nel bagnar
dona profumo d'odor di fresie.

Solo per te vivere non e' morire,
un sorriso forzato sul mondo,
una mano che s'allontana
senza nulla stringere ne' toccare.

Allora solo per te, solo per te voglio.

Voglio amarti nel silenzio della notte
e quando splende il sole vederti
in quei raggi che sanno di fuoco
e mi danno quel calore d'amore.

Voglio sentire quel non so che
tanto simile al volo dell'anima
che si libera del corpo e vaga
senza meta e senza pensiero alcuno.

Voglio vedere il rosso tramonto
calare sul tuo corpo e accenderlo
come un faro nel buio della notte
finché s'immerge nelle luci dell'alba.

Voglio parlare al mio desiderio
e dirgli di correre veloce da te
per mostrar l'intensità d'amore
che tutto scuote e fa vibrare.

Solo per te, solo per te
proprio non vorrei mai... morire.

SOFFIO

Un soffio, l'amore,
un soffio infinito
che vola nell'anima
pieno di fuoco
per dar felicità,
un soffio leggero
che spira nel cuore,
passa tra le mani
e dolce accarezza,
un soffio che nasce
per me e per te.
Un soffio, l'amore,
un soffio innocente
che mai rinuncia,
un soffio che vento
diventa sino a te,
che a te giunge
per incontrare
cuore e anima,
un soffio intenso
che al tuo si congiunge
e s'inoltra gioioso
nella notte dei tempi
Un soffio, l'amore...
che non va mai via.

FANTASMA D'AMORE

Per i campi andavo
a seminar fantasmi
dalla parvenza d'amor
e nebbia scendeva giù
sulle albe speranzose.
Ti volevo tenere in me,
cullarti nella culla dell'anima
e vederti sorridere
negli occhi umidi di felicità
sino a perdermi in te.
Più volte t'ho immaginato,
t'ho raffigurato dipinto
sulla tela d'una vita
che scorreva lenta senza te
e aspettavo d'incontrarti.
Mi mancavi da morire,
in silenzio soffrivo,
senza accorgermene,
e grigio era tinto
il cielo dell'anima mia.
Sei comparso alfine
e la vita mia hai ridisegnato,
una strada sconosciuta
prima di conoscerti
ma che ora chiara appare.
Mi porta sempre da te.

Che me ne faccio
di un corpo
se non ha l'anima,
che me ne faccio
di un'anima
se non ha il corpo,
l'amore voglio
e nulla più,
un diamante puro
che brilla nell'anima.

Ad occhi chiusi
immagino l'amore
e vedo te,
un soffio
che m'accarezza,
una ninfa
che cavalca l'onda
e vedo te,
una donna
che eccita la fantasia,
un profumo
che inebria l'anima
e vedo te,
sempre e solo te,
anche quando apro
gli occhi miei
e vedo la luce
negli occhi tuoi.

Il tempo corre in fretta
e non voglio aspettare,
ho tanta voglia di viverti
che la tristezza m'assale
e forte afferra il cuore.
Amor per mano mi prende,
il cuor la corsa riprende
e in ogni suo pulsar
v'è la forza sua prorompente
che rotola nelle vene.
Il tempo corre in fretta
e ho sempre più voglia di te,
struggente desiderio
d'accompagnare i tuoi giorni
e seguire i tuoi passi.
Più del tempo corre l'amore
ha tanta voglia di vederti,
per la fretta si dimentica
di vederti sempre
volare in alto nell'anima.
Il tempo corre in fretta
e tu sei sempre con me
a correre col tempo
su un filo sottilissimo
rinfocolato dall'amore.
T'amo tanto più del tempo.

UN BACIO

L'amore è poesia,
è amore o non esiste
e quando se ne va via
finisce nelle braccia
d'un volto sconosciuto.
Soffre a star lontano,
ricordo di felicità lo salva
e la sua mano tremante
il corpo vellutato immagina
d'accarezzar senza sosta.
Mai fine c'è per l'amore,
un bacio buttato lì in fretta
cogli occhi volti altrove,
finisce la poesia d'amore
nella leggerezza d'un bacio.
Eppur quel bacio non dato
all'amor non appartiene
ché spontaneo sorge
ovunque in ogni momento
senza il pensar funesto.
Arriva sempre la notte
a frugar nell'anima
per incontrar l'amore
e quel bacio non c'è
a riscaldare il corpo.
Mai fine c'è per l'amore...

Sopraffatta l'anima
dal desiderio
si chiede dove sei,
dov'è quel corpo
che la racchiude
e la fa mormorare
e io non ho più forza
d'invocare
quella passione
che tarda a giungere
e mi sfinisce
il pensiero continuo
d'unirmi all'anima
assieme al tuo corpo.
Onda alta di desiderio
falle sentire
la tua forza immensa
e quell'insofferenza
d'una vita
senza lei
ché è solo lei
schiumante d'amore
a sollevar dal mediocre
suo scorrere
e dal peregrinar d'un corpo

che cerca il sapore
di baci ardenti
e di carezze dolci.
Dolce suono...l'amore

Il mio amore per te
è fuoco che divampa,
sogno che l'anima apre
il tuo corpo fra le mani.
Occhi su di te poggiati
e lasciati sul tuo corpo
musica silenziosa
che pur raggiunge il cuore.
Amor che eccita desideri
e li culla dolcemente
per non disperderli
al vento caldo d'oriente.
Calar non può l'oblio
ad impoverir i sensi,
tutto è fremito d'amore
in ciò che t'appartiene.
Pensiero che s'infiamma
e non mi va di lasciarlo,
sopra salti e ci corri tu
e non mi stanca affatto.
Staccarmi da te non voglio,
pur sfinito tosto risorgo,
ho sempre te fra le braccia
e il tuo corpo che freme.
Dolce suono...l'amore.

COSA VOGLIO DI PIÙ?

Nell'aria ancora sento
il profumo della vita
e quando m'affaccio
sul davanzale vedo
sospirar l'amore.
Vorrei conoscerti
gli dico solerte
ma l'amore fugge
e invano m'affanno,
per un attimo l'afferro
subito dopo non c'è più.
Nell'aria sento ancora
il profumo dell'amore,
una scia invitante,
mi gira intorno sottile
e una vertigine mi lascia.
Or ti conosco alfine
e non m'abbandoni più
ché dentro t'agiti,
fai anche tanto soffrire
ma mi fai vivere.
Cosa voglio di più
se amor mi lega a Te,
un flusso continuo
che da me va a te
e da te a me senza sosta.

Sul tuo corpo adagiato
d'incanto il Paradiso appare
e tutto scompare nel riflesso
d'uno specchio che mostra
uno solo di due corpi avvinti.
Unisce l'amore e salda
e ciò che di terreno resta
nell'incanto s'allontana
e una nudità s'intravede
d'amanti senza colpa.
Or amor che mai proferii
spontaneo dal cuor fuoriesce
e come un fiume in piena
esonda per riversarsi su colei
che in estasi l'accoglie.
Or l'amore nell'amor si delizia
e senza fissa dimora vive
ché la sua casa ha solo finestre
senza vetro che s'affacciano là
ove la vita non sa arrivare.
Dolce suono...l'amor.

Mille labbra vorrei avere
per baciare nell'attimo
il tuo corpo in ogni punto.
Mille braccia vorrei avere
per abbracciare nell'attimo
tutto il tuo corpo insieme.
Mille mani vorrei avere
per accarezzare nell'attimo
la vellutata tua pelle tutta.
Mille piedi vorrei avere
per correre insieme a te
e non stancarmi mai.
Un sol cuore vorrei avere
per dedicare ogni suo battito
a Te che amo più di tutto.
Un sol cuore vorrei avere
che nell'amar il corpo tuo
ami sempre e solo Te
che abiti in quel corpo.
Mille cuori vorrei avere
che pulsino tutti per Te
per eguagliare l'amore
intenso che hai per me.
Mille cuori vorrei avere
che si chiedano tutti

del perché dell'amore
e tutti rispondano così:
"Non so perché ma Ti Amo
dal profondo del Cuore".

Sento l'amore
volare nell'anima,
m'accorgo di te
quando non ci sei,
vicinanza d'intimità
che mi fa felice.
Ti porto con me
ad ogni passo,
nel silenzio t'amo,
eppur gridar lo vorrei
ché l'amor per te
ogni barriera salta.
Amoruccio mi chiami
e svegli quel bambino
che tanto amava
il profumo delle viole
e sospiri d'amore
innalzava alle stelle.
Sento l'amore,
il suo profumo
che s'agita nel petto
e so per certo
di sentire... Te
e il tuo Desiderio.
Dolce suono l'Amore....

E nel mezzo del cammin
incontrai per caso Te
gemma di passione
e lì davanti m'arrestai
ché oltre andar non potevo
e nulla potevo più chiedere
al fato mio benigno
ché difronte m'aveva messo
il più grande Amore.
Senza parole restai
ma il cuore forte batteva
ché un qualcosa l'investiva,
un'emozione bellissima,
brividi che si susseguivano
e arrivavano alla gola,
stringevano sino a soffocare,
il cuore già sapeva
di aver incontrato l'amore.
E non si sbagliava affatto
or che tempo n'è passato,
non è scomparso l'amore
se sempre gli occhi luccicano
più del sole al mattino,
ogni dì s'affaccia alla vita
e accanto trova

sempre l'amore che sorride
e lo fa vibrar come corda d'arpa.
Dolce suono l'Amore....

Immagini d'una vita
emozioni sfocate
imbalsamate
galleggianti nell'anima
s'attaccano all'amo
per uscir dal pantano
e respirar di nuovo
il profumo d'un giorno.
Immagine di vita
emozione unica
inebriante
vola nell'anima
s'affaccia sull'infinito
e lo riempie d'un profumo
che appartiene
soltanto all'amore.
E quell'emozione
che sento per te
non appartiene alla vita,
e' essa stessa Vita.

Un giorno intero mano nella mano,
neppure importarsi d'un mondo
che gira nel vuoto d'una maschera
e d'amore parlare proprio non sa.
Un giorno intero coi riflessi del sole
in quegli occhi senza parole
che guardano l'infinito senza paura
e lo dipingono coi colori della felicità.
Un giorno intero in tua compagnia
senza voltarsi indietro e correre...
correre a perdifiato senza mai fermarsi
e lasciarsi andare su di un prato in fiore.
Un giorno intero intero abbracciati
sentire forte il respiro dell'anima
e quel caldo venticello d'amore
che non s'arresta mai e poi mai.
Un giorno intero...che mai finisce
che' fame di te ha sempre
e non s'arrende all'avanzar del buio
perché luce d'amor l'illumina.
Un giorno intero... e la notte va via.

Non c'è vita senza quella voce
che pian piano ti prende per mano
e ti porta su quel lago incantato
dove leggero scivola l'amore.
Non c'è vita senza quel sorriso
che piano ti spalanca la porta
e ti trasporta in quella fiaba
ove trionfa alfine sempre l'amore.
Non c'è vita senza quella gelosia
che t'afferra forte e non ti lascia
ma dell'amore ti fa vivere la gioia
come mai e poi mai avresti potuto.
Non c'è vita senza quella strada
che mi conduce diritto diritto
senza sosta alcuna e senza fiato
da Te per abbracciare l'amore.
Non c'è vita ne' mai ci sarà
se per i campi in fiore una rosa
a me non porterà il suo profumo
inebriante più d'un giovin vinello.
Amore, senza te il nulla.

ANIMA MIA

Vorrei all'anima dar voce
per parlarti d'amore,
frugo nel suo vocabolario
e mi perdo senza ritorno,
senza trovar quelle parole
che raccontino del mio amore.
Che strano! Che strano!
L'anima non ha parole,
conosce il silenzio dell'amore,
ha soltanto quegli occhi
così lucenti che dicono
più di tante ma tante parole.
Forse parole non ci sono
per un amore così grande
e in questa immensità
muta ma felice va l'anima
abbracciata alla tua per l'eterno.

Che bello averti tra le braccia!
Il guscio del tuo corpo si apre,
cristalli d'amore m'abbagliano
e sento che sei tutta mia
nell'abbandonar il soffio caldo
del tuo respiro sul mio collo.
Che bello averti tra le braccia!
Inspiegabile sogno l'amore,
avvicinar fa il cielo alla terra
e in quel punto di contatto
ove gli occhi non arrivano
l'eros ci fa visita e ci unisce.
Che bello averti tra le braccia!
Desiderio avido d'amore,
un pennello che color vivace
vuol dare al pallido corpo
e quello slancio vitale
che sol l'amore sa donare.
Che bello... Amarti!!
Emozione del tuo profumo
che a lungo ristagna,
non ne vuol sapere d'andar via
che' d'amor impregnato
s'attacca e non se ne va.
Che bello vivere amandoti!!

Te attende per nascere l'aurora
e prender le sembianze d'una rosa
che di profumo innaffia il giorno
e svegliar fa la linfa dal sonno.
Te attende per sorgere il sole
e prender le sembianze d'una fiamma
che con la sua lingua avvolge
e infuoca il corpo ancor assonnato.
Te attende anche il tramonto
per sentir nel silenzio il tuo respiro
e chinar il capo sul tuo seno
per ascoltar quel battito d'amore.
Te attende senza sosta la vita
per poter gridare ai quattro venti
che mai rinuncerà a quella felicità
d'un sospirar d'amor nel petto.
Or che ho Te più non attendo.

Due bocche si uniscono nel bacio,
mi toglie il respiro il tuo abbraccio,
le mani ferree agguantano la vita
e la stringono per non farla più fuggire.
Nel fruscio delle foglie si cela l'amore
lo senti vicino accarezzar senza vederlo
e nell'immensità ti perdi per alto volar
a galleggiar dall'alba al tramonto.
Le catene più strette spezza l'amore,
il dentro libera che guarda il fuori
e ora non si volge più indietro
che' vuol vivere per non morire.
Non mi par vero ma tu sei lì
a rischiarar la notte più buia
col desiderio che non ha mai fine
sospinto com'è dal ruggito d'amore.
Tanto ti bramo e tanto voglio
i baci tuoi dolci e le tue carezze
sino a ritrovar il corpo mio perso
per l'esaurir d'ogni sua forza.
E nel ritrovar trovo ancor il tuo.

Quell'energia contagiante
che mai ti vien meno,
quell'arguzia d'intelletto
che ogni cosa sa spiegar,
quella bellezza innata
che giammai sfiorisce.
Mamma mia cara
sapessi quant'e' bello
stare accanto a te
e sentir il tuo respiro
più vivo d'ogni cosa
che mi gira intorno
e gioir della tua voce
più calda d'ogni parola
che io possa mai ascoltare.
Stasera anche la luna
lassù s'è ingelosita
e più bella vuol apparir
ma lo splendore suo lucente
proprio competere
non può con il tuo volto
di serenità luminoso.
Mamma, sei tanto bella
che perderti mai vorrei.

Luna, stasera sei più splendente,
m'accarezzi con la tua calda luce,
m'affascini con la grazia d'una stella
che pian piano con amore s'avvicina.
Luna, stasera mi sorprendi proprio,
sembra di conoscerti più ti guardo,
forse di nascosto sei scesa da lassù
tanto somigli ad una stella di quaggiù.
Luna, stasera ti sei fatta più bella
tanto da somigliar ad una stella,
lo fai per essere gentile con me
che ti guardo cogli occhi d'amante.
Luna, stasera ti voglio tanto bene,
sempre così felice ti voglio vedere
e nel cielo splendente più del sole
perché la tua felicità e' luce per me.
Luna, stasera una cosa voglio dirti,
troppo troppo a me non avvicinarti,
ingelosir potrebbe una stella a te pari
e lo so, tu questo proprio non lo vuoi.
Luna, brilla quanto vuoi ma lassù.

SOGNO

Dalla luna son cullati i sogni,
sereni se ne stanno e lucenti
sin quando non cadono quaggiù
e io che li guardo scendere
dico loro di fermarsi un po'
e di non avere proprio fretta.
Qualche sogno mi ascolta,
al volo catturato viene dal sole
e io che li guardo negli occhi
m'accorgo che respirano,
sì or solo penso che vivano,
i sogni hanno i piedi, non le ali.
E il mio sogno vive gioioso
tra le braccia dell'infinito.

Un gioco l'amore,
incontro d'occhi,
luccichio di baci,
fiati sospesi
lassù tra le nuvole
finché scendono giù
a respirar di nuovo.
Un gioco l'amore
che scivola via,
pian piano finisce
quando si fa serio
nel veder se stesso
e non riconoscerlo
tra le sue braccia.
Un gioco l'amore,
che termina un dì
quando il contatto
cerchi continuo
del suo respiro
e del suo sorriso
nelle pieghe dell'anima.
Un gioco l'amore
che non c'è più
quando brividi senti
che scuotono il corpo

e lo fanno vibrare
interminabile
al suo cospetto.
Un gioco l'amore
che ha fine
quando l'incontri
e con lui allora
vuoi sempre giocare
ché di lui a meno
non ne puoi fare.
E tu Amore sei
l'unico gioco Vitale...

Sono felice...
quando il desiderio
folleggia
nell'anima intera
e va a cercarti
ovunque tu sia
per tramutare
il sogno in realtà.
Sono felice...
perché è vita
il riflesso cristallino
del tuo amore
che accarezza
i miei occhi
e li fa brillare
più di un diamante.
Sono felice...
dal primo momento
che t'ho incontrata
e mai t'ho persa
ché arde l'amore
e vivida fiamma
illumina l'anima
come quel giorno.
Sono felice...
d'averti tutta mia.

ODE ALL'AMORE

Falco che voli lassù
a libere ali spiegate
non ombreggiar l'amor
ché non t'appartiene.

Vista forse ti fa difetto
se non vedi la luce
che brilla negli occhi
dei due amanti accesi.

Afferrar non puoi
ciò che non conosci,
tu che rapace sei
e dell'amor non sai.

A becco asciutto vai
ad arraffar di qua e di là
né agir diversamente puoi
se non ti nutre l'amor.

Perciò educa la natura
e rispetta l'amore
ché di tutte le forze
prima viene d'ognuna.

E sorridi agli amanti
che vedi laggiù
avvinti a quell'amore
che tu nemmeno sogni.

Non ti preoccupare
anche per te passerà
una falchetta sì suadente
che brividi ti farà venire.

Solo allora t'accorgerai
del mistero dell'amore
e ti fermerai in alto
a mirar l'azzurro cielo.

Tutto ti sembrerà più bello
col petto gonfio d'amore
e giù in picchiata scenderai
per riempir di baci la bella.

E poi amerai lei che t'ama
senza paura di perderla
ché l'amore è senza tempo
con lo sguardo all'infinito.

Solo per Lei l'emozione
intensa va incontro alla vita
e tanto amerai Lei che t'ama
che via va la paura di perderla.

Il sole con lei è apparso,
nell'anima un canto d'amor
senti che spiegar non sai,
tanto è la sua forza immensa.

Parli con lei ogni dì,
ogni secondo le appartiene,
ti riscaldi al suo focolare,
di più l'amor non può dare.

Corri presto più che puoi,
vieni da me a portar amore,
toglimi la tristezza dal cuore
e fa soffiar vento di passione.

Corre la falchetta veloce
ché l'amor la spinge
e un irresistibile desiderio
c'è d'averti tra le braccia.

Assaporar i tuoi baci vuole
e tu che altro non aspetti
come neve ti sciogli
al sole lucente d'inverno.

Freddo ora più non senti,
ignudo anche puoi andar
per valli e monti alti
né stanchezza puoi avvertir.

Accanto hai l'amor tuo
che su di te veglia
e ogni sorta di pericolo
da te lontano tiene.

Sovrasta l'amor e infiamma,
in cenere l'odio riduce
e fiori fa sorgere laddove
prima arida era la crosta.

Col cuore aperto cambia
il gusto della vita e l'amore,
qual magica bacchetta,
trasforma tutto ciò che tocca.

Un rapace ero senza tregua,
ora un altro vive in me,
un rapace che sta pian piano
conoscendo virtù d'amore.

Incontro d'occhi e di baci,
luccichio di fiati sospesi
lassù fra le nuvole bianche,
calde carezze di mani amanti.

Voglia non hai di scendere giù,
con la tua falchetta vuoi volare
in alto sino a sfidare il sole
col calore forte del tuo amore.

Or volteggio nell'aria tersa,
più leggera e pura sembra
che sospeso sto sull'infinito
a mirar la tua bellezza.

Un rapace d'amor or sono
ma l'amor tuo solo voglio
ché arrivar fa alle stelle
lassù in alto ove nessuno può.

Desiderio continuo l'amore,
silenzioso lo prendi per mano
per non lasciarlo mai più
ché ne sentiresti la mancanza.

Più facce può aver l'amore
ma racchiuderle proprio tutte,
indistinguibili l'un dall'altra,
rappresenta la sua unicità.

E tu falchetta sei l'amore
prima di essere il mio amore,
tu falchetta sei quel volto
che nel sogno davo all'amore.

L'amore va a vele spiegate
e fa volare sempre più alto,
ora avverto più forza nelle ali
e instancabile volo con te.

Dall'alto piccoli punti neri
ingobbiti per il lungo pensar
stanchi per il gelo vanno
a cercar ciò che non sanno.

S'affannano di qua e di là,
incontrar l'amore non possono
se prima non ce l'hanno
e raminghi in eterno andranno.

Dolce è la tua compagnia,
dolcezza infonde al cuore
e tua è la mano che tende
ad abbracciar te che ami.

Fuori nevica e il gelo incalza,
sul cuore può anche nevicare
ma l'amore scioglie la neve
e sempre fa brindar nella gioia.

Falchetta fai volar l'amor
da te a me ché voglio
sempre sentir il contatto
e farlo volare dentro di me.

Con te verrò per terra e mare
ovunque vorrai andare,
ti seguirò come un'ombra
ché son certo di seguir l'amore.

Svaniscono le ombre lente
calate giù nel profumo,
or dentro tutto evapora,
rimani solo tu e tanto basta.

Cala il sipario sulle emozioni,
infuocata una sola n'è rimasta
e quella è la più incandescente
che la vita m'abbia potuto donare.

Ognuno vorrei l'amor conoscesse,
già, incontrar facile non è proprio
ma all'evento preparar si deve
ché l'orizzonte lontano s'avvicini.

Orsù l'amore vive e fa vivere
e chi alla vita canti innalza
disperar proprio non deve
ché l'amor vivo un dì si farà.

Un brivido che sboccia così
d'incanto e scuote il corpo,
l'amore bussa alla tua porta
e aspetta solo che tu l'apra.

Fallo nella poltrona accomodare
e offrigli anche un buon caffè
ma nella rete come un pesce
non pensar di prenderlo facile.

Solo il soffio d'amor respirar fa
l'anima e allora non andar oltre
ché dinanzi hai il vero amore
che tra i beati presto ti condurrà.

Or che ho incontrato te, falchetta,
so che l'amore è giunto alfine
e che il mio cuore l'ha assaporato
per non separarsi mai più.

Quel giorno è arrivato alfine,
anche per me alfine è venuto,
non importa se presto o tardi,
or vivrò per amore e per te vivrò.

Ti cercavo e non sapevo dov'eri,
mi parlavi tanto e non capivo,
mi eri lì davanti e io volgevo
gli occhi in alto sino alle nuvole.

Con te sono iniziati giorni felici,
un'estate che sapeva di sole,
un inverno che mai è venuto,
una primavera profumata d'amore.

Voglio parlare ora solo d'amore,
baciarti voglio tra la gente
e guardar gli occhi di ragazza
che il verde fa luccicare.

Mai vien meno la forza dell'amore,
quella interminabile e instancabile,
che governa lo scorrere del tempo
e non si lascia da esso consumare.

Cristallizza il tempo l'amore,
un tempo scandito da passi
veloci che tanto somigliano
a quelli dei lupi nella notte.

E un tempo lentissimo
somigliante ad una tartaruga
gigantesca che nuota libera
negli spazi profondi del mare.

Da subito Falchetta hai indossato
il vestito della Dea dell'amore,
proprio quel vestito immaginato
e desiderato sulla pelle amata.

L'hai sentito subito tutto tuo
e quel vestito ogni giorno di più
s'animava di colori sgargianti,
quei colori che sono dell'amore.

Ora sento ancor più l'amore
vivere e pulsare nell'anima,
una carezza che tocca il cuore
che fortissimo batte per l'emozione.

Or l'amore di me s'è impadronito
e nulla al mondo mi fa più paura,
per i cieli libero con te volerò
a cantar la sua immensa beltà.

TU

Tu sei quella stella
che sul cuore s'è posata
e forte forte abbraccia
la fantasia d'un riflesso
d'arancio che dipinge occhi
che guardano il mare
nel sole che tramonta.
Tu sei quel desiderio
sì frizzante che s'arroventa
e ricama brividi d'amore
sul diario dell'anima
che arde di viva fiamma
per quel fuoco d'amore
che non ha mai fine.
Tu sei quel sogno
d'erba verde profumata
frusciante sui nudi piedi
che s'incamminano
su quel fresco respiro
d'una vetta altissima
ove sol l'amore scalar può.
Tu sei quell'amore
che non ha recinto
ché non si può chiudere
quella dolce follia

nell'abisso dell'anima
e non farle vedere
cieli azzurri e prati verdi.
Tu sei quella ricchezza
inestimabile e inestinguibile
che senza niente chiedere
e senza nulla avere
sazia profondamente l'anima
felice di vivere quaggiù
ciò che sol lassù si può.
Tu sei quel mondo
dove mi piace vivere
senza quegli affanni
che calpestano l'amore
e lo sbriciolano
affidandolo a quelle mani
che mai lo tradiranno.
Tu sei....

FARFALLA

La leggerezza di una farfalla
il tuo corpo tra le mie braccia
e il profumo che ancor sento
dentro di me sapore d'infinito.
Con le sembianze tue l'amor
ogni ora del giorno mi fa visita,
l'aria sua il mio respiro incontra
e insieme felice s'apre alla vita.
Un sussurro d'amore la tua voce,
fruscio di sensi nelle orecchie,
seducente carezza al piacere
che mai e poi mai s'estingue.
Giammai ti libererai di me
dolce amore della mia vita,
i giorni fine avranno con te
ché per te l'amore ha vita.

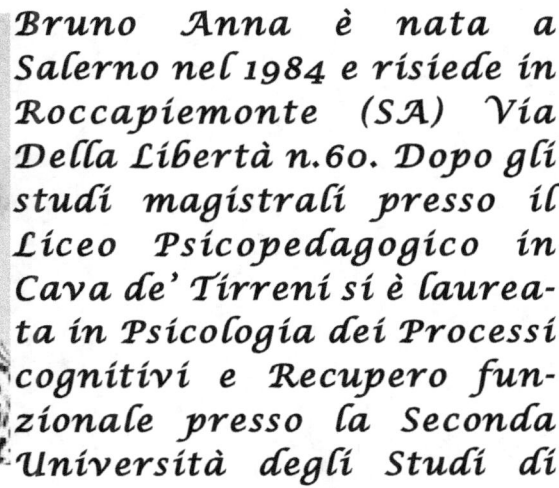

Bruno Anna è nata a Salerno nel 1984 e risiede in Roccapiemonte (SA) Via Della Libertà n.60. Dopo gli studi magistrali presso il Liceo Psicopedagogico in Cava de' Tirreni si è laureata in Psicologia dei Processi cognitivi e Recupero funzionale presso la Seconda Università degli Studi di Napoli e si è Specializzata in Psicoterapia Sistemico Relazionale presso l'I.T.E.R (Istituto di Terapia Relazionale) di Caserta.

Collabora come Psicologa Volontaria presso il Servizio di Neuropsichiatria dell'Infanzia e dell'Adolescenza dell'Unità Operativa Salute Mentale di Cava de' Tirreni (A:S.L. Salerno) e come Psicologa Scolastica volontaria presso l'Istituto Comprensivo "Dante Alighieri" di Roccapiemonte. Giornalista Pubblicista iscritta all'Ordine dei Giornalisti della Regione Campania ha collaborato al periodico "Le Voci" di Roccapiemonte.

Ha scritto anche altri libri fra cui "Mental Reset" nuova e originale tecnica psicoterapeutica.